国家自然科学基金项目（42301201）
陕西省教育厅重点科学研究计划项目(24JZ042)
陕西省哲学社会科学研究专项（2025YB0239）

共生视角下的黄河几字弯地区产业生态化格局评价

孙一方 著

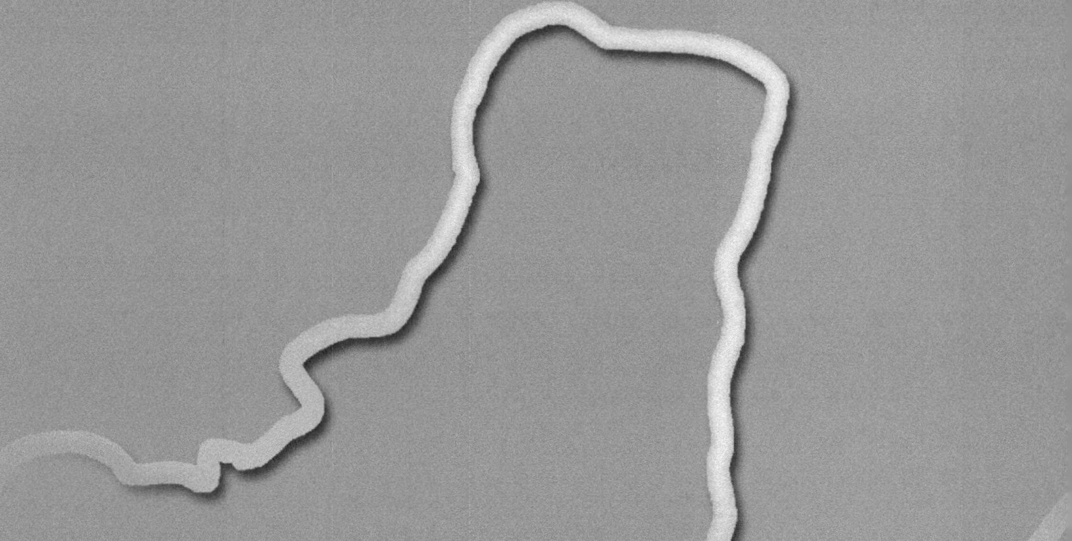

西安交通大学出版社
XI'AN JIAOTONG UNIVERSITY PRESS

图书在版编目(CIP)数据

共生视角下的黄河几字弯地区产业生态化格局评价 / 孙一方著. -- 西安 ：西安交通大学出版社，2025. 7.
ISBN 978-7-5693-4121-8

Ⅰ. F269.2

中国国家版本馆 CIP 数据核字第 20251WG361 号

书　　名　共生视角下的黄河几字弯地区产业生态化格局评价
　　　　　GONGSHENG SHIJIAO XIA DE HUANGHE JIZIWAN DIQU CHANYE SHENGTAIHUA GEJU PINGJIA
著　　者　孙一方
责任编辑　王建洪　张可欣
责任校对　史菲菲
装帧设计　伍　胜

出版发行　西安交通大学出版社
　　　　　(西安市兴庆南路 1 号　邮政编码 710048)
网　　址　http://www.xjtupress.com
电　　话　(029)82668357　82667874(市场营销中心)
　　　　　(029)82668315(总编办)
传　　真　(029)82668280
印　　刷　西安五星印刷有限公司

开　　本　700mm×1000mm　1/16　　印张　13.125　　字数　153 千字
版次印次　2025 年 7 月第 1 版　　2025 年 7 月第 1 次印刷
书　　号　ISBN 978-7-5693-4121-8
定　　价　90.00 元
审 图 号　GS 陕(2025)67 号

发现印装质量问题，请与本社市场营销中心联系。
订购热线：(029)82665248　(029)82667874
投稿热线：(029)82665379　QQ：793619240
读者信箱：793619240@qq.com

前　言

在全球可持续发展议程与中国生态文明建设战略交汇的背景下，产业生态化已成为推动黄河流域生态保护与高质量发展的重要路径。本书基于共生理论构建产业生态化分析框架，旨在揭示黄河几字弯地区产业经济系统与生态环境系统协同演进的内在机理，为区域可持续发展提供理论支撑与实践指引。

产业生态化本质上是通过系统耦合优化实现产业经济系统与生态环境系统的协调共生。本研究创新性地将共生系统理论引入产业生态化研究领域，构建包含共生体、共生模式和共生环境的三维分析框架。其中，共生体质量体现为产业经济系统与生态环境系统的高质量发展水平，共生模式表征系统间的互动关系，共生环境则反映自然资本支撑能力。本研究通过系统有序度（结构维度）和成熟度（功能维度）的双重视角，构建起具有空间异质性特征的产业生态化评价体系。

在方法论层面，本研究建立多维评价模型：针对产业经济系统构建“效率-动力-质量-环境”四维一体评价框架，对生态环境系统设置“供需平衡-福祉绩效-承载稳定”三维评价体系，并创新性地将灰色 Lotka-Volterra 模型引入共生模式识别之中，结合“S－E－C”（规模-公平-协调）框架评估自然资本可持续性。本研究选取黄河几字弯地区作为典型研究区，综合运用地理探测器、有序 Probit 模型等空间计量方法，系统解析区域产业生态化时空演变规律。

实证研究表明，研究期内区域产业生态系统质量呈上升趋势，但存在显著空间分异特征。产业经济系统质量峰值出现在内蒙古中部，而生态环境系统质量呈现南优北弱、东高西低的格局。值得注意的是，黄河几字弯地区当前发展阶段仍普遍存在产业发展与生态保护的失衡现象，生态环境对产业经济的支撑效能尚未充分释放。自然资本可持续性呈现 W 形演进轨迹，中部地区表现出较强的可持续性，资本安全性与协调性则呈现南优北劣的特征。

本研究进一步揭示，省级尺度中，内蒙古自治区产业生态化水平领先；市级层面，鄂尔多斯、太原、延安等城市表现突出。系统有序度在省会与资源型城市中相对较低，其空间分异受科技创新、经济水平、开放程度等八大要素驱动；系统成熟度与科技创新、污染治理强度呈正相关，与城市化率、资源消耗量呈负相关。基于此，本研究提出差异化的“四维一体”发展战略，强调质量提升、区域协同、差异治理和机制创新。

本研究的理论价值在于构建了具有普适性的产业生态化共生分析框架，方法创新体现在多模型融合的评估体系构建，实践意义在于为黄河流域生态经济协同发展提供了科学依据。研究结果不仅对黄河几字弯地区可持续发展具有直接指导价值，其方法论体系也可为类似区域产业生态化研究提供范式参考。

孙一方

2025 年 5 月

目　录

第 1 章

绪　论

黄河流域生态保护与高质量发展的战略意义十分重大。如何实现经济高质量发展和生态环境的保护，以及平衡好二者之间的关系，是有关可持续发展研究的重点。作为人类对传统产业发展理性反思的结果，产业生态化逐渐成为实现高质量发展的新思路。产业生态化就是产业生态系统构建、发展、成熟的过程。以产业生态学理论为指导，产业生态系统是以系统思维为出发点的新式产业发展模式，其发展目标在于解决生态环境与产业经济的矛盾，从而促进生态环境系统和产业经济系统的协调发展。

1.1　研究背景与意义

1.1.1　研究背景

针对黄河流域的过去、现在和未来，习近平总书记在黄河流域生态保护和高质量发展座谈会上强调了流域生态保护的重要性，即在经济发展的过程中注重维护生态环境质量，从而实现各个领域的高质量发展[1]。通过这次会议，黄河流域生态保护和高质量发展上升到了国家战略高度。黄河流域的生态资源经历了千百年的开发和利用，生态承载水平明显下降，生态安全水平大幅恶化。与此同时，黄河流域粗放的产业发展模式对生态环境造成了不可逆的过度消耗和严重破坏。总而言之，固化的产业发展模式、脆弱的生态基础，以及难以打破的行政壁垒，使得黄河流域生态保护和高质量发展的实现道阻且长。然而，这一战略的扎根发芽，在促进整个流域向新模式、新业态转型的同时，也助推了中国“两个一百年”目标的实现[2]。

2021 年 10 月，中共中央、国务院印发了《黄河流域生态保护和高质量发展规划纲要》，明确提出构建形成黄河流域“一轴、两区、五极”的发展动力格局。其中，“一轴”是指亚欧大陆桥，“两区”是指以鄂尔多斯盆地、陕西为主的能源富集区和以河套平原、汾渭平原、黄淮海平原为主要载体的粮食主产区，“五极”是指兰州—西宁城市群、黄河几字弯都市圈、关中平原城市群、中原城市群和山东半岛城市群[3]。黄河几字弯地区（后文简称几字弯地区）是宁夏、内蒙古、陕西、山西四省区所形成的几字形环抱地带，包括银川、包头、榆林、临汾等17个城市。几字弯地区是中国重要的民族文化起源地、典型农牧交错区、边疆地区、少数民族集中区、革命老区、能源富集区，具有六区合一的特征。过去的十多年里，几字弯地区高速发展，为全国的经济增长作出了巨大贡献。近年来，国务院针对这一地区陆续出台了《晋陕豫黄河金三角区域合作规划》《吕梁山片区区域发展与扶贫攻坚规划》《呼包鄂榆城市群发展规划》《宁夏回族自治区推进“一带一路”和内陆开放型经济试验区建设“十四五”规划》《陕甘宁革命老区振兴规划》《宁东能源化工基地“十三五”开发总体规划》[4-8]等相关政策性规划，充分说明了这一地区对于促进整个流域优势挖掘、潜能发挥、实现高质量发展的重大意义[9]。

产业活动作为连接经济发展和生态环境的媒介，是落实几字弯地区生态保护和高质量发展战略的关键抓手。具体表现在产业活动可以通过废物循环、清洁技术、减少生态成本等措施，实现生态环境和产业经济的高质量发展，即产业生态化。也就是说，只有将产业活动与生态环境相结合，才能保证生产过程中对生态成本和生态危害的有效控制，才能实现生态质量提升和产业经济发展。因此，产业生态化作为新常态下发展的强大引擎，可以为几字弯地区的高质量发展注入新能量。释放产业生态化的积极作用，需要把握区域产业生态化水平以及影响产业生态化水平的因子。明晰这些问题不仅可以促进产业生态化发展，而且有助于黄河流域生态保护和高质量发展这一战略的落地。

1.1.2 研究意义

在黄河流域生态保护和高质量发展战略提出之际，众多学者对黄河流域的水资源利用、脱贫致富、水土流失治理、生态修复等问题纷纷展开学术研究，并从不同角度针对高质量发展的内涵、功能、意义以及实现途径提出见解，却少有研究是从产业生态化的角度来分析这一战略的内涵和实现机制的。

从理论意义来看，本书研究的产业生态化评价问题是黄河流域实现生态保护和高质量发展的基础研究，是对这一战略的理论内涵和实践可能的完善与充实。同时，在高质量发展背景下，本书基于系统思维和共生理论，将产业经济系统和生态环境系统视作有机的共生体，并根据共生系统的结构和功能提出产业生态化评价框架，是对现有产业生态理论的扩充。对于亟须产业转型的几字弯地区而言，系统思维和共生思想不仅适用于产业经济活动，而且为区域产业转型的模式指出了具体的方向。

从现实意义来看，本书选择几字弯地区开展的评价研究是基于《黄河流域生态保护和高质量发展规划纲要》的核心要义，通过构建综合评价框架，对该流域的产业经济和生态环境现状、产业生态化水平及其影响因素进行了仔细的评估，不仅有助于推进区域产业生态化，而且为黄河流域实现高质量发展积累了素材。同时，在智能社会、产业转型以及国内外形势剧变的背景下，几字弯地区作为黄河流域资源型城市的集聚区，面临着巨大的经济转型压力，本书的研究结论可以为资源型城市的转型发展提供依据。几字弯地区以水相连，属于一个生态共同体。基于国家战略和发展利益，几字弯区的产业经济发展需要通过跨区域协作来有序分工，进而提升区域竞争力。目前我国还未出台流域尺度的生态保护规划、环境治理规划和社会经济发展规划等[10]，本研究有助于推进流域性的新型产业化，为几字弯地区跨区域合作提供参考。

1.2 研究综述

1.2.1 产业生态化

工业化社会以来，高投入、高消耗、高污染的生产方式不仅影响着人类生产生活，也阻碍了社会的进一步发展。面对如此困境，人们开始反思并意识到人类的活动必须与生态承载能力相适应。在此背景下，重新认识和调整生态环境和经济发展之间的关系已经成为一个亟待解决的问题。产业发展是经济体系的核心，也是联系生态与经济的纽带。它不仅深刻地影响着资源的利用和经济活动的产出，而且会对生态环境产生影响[11]。如何保证在可持续的环境承载力下支撑产业经济的快速发展，已引起全球关注。产业生态学逐渐被认识到是一门可以解决环境危机的、有前途的学问[12]，其思想受到国际组织、各级政府和企业的高度重视。

1988 年，美国学者 Ayres 首先提出了产业代谢理论[13]。在此基础上，Frosch 和 Gallopoulos[14] 提出了产业生态化的概念，他们主张通过技术创新模仿自然生态系统，将传统的产业系统转变为产业生态复合系统，这一过程即为产业生态化。从此，越来越多的学者开始关注产业生态化及产业生态系统的研究。现有对产业生态化的研究可以从研究主体上区分为微观尺度和宏观尺度。具体来看，微观尺度的研究强调通过产业系统内部的结构和组织转变而提升产业活动的经济性和生态性。例如，Côté 和 Hall[15] 认为产业生态化是发挥产业集群效应来获得经济和自然效益；Graedel 和 Allenby[16] 强调产业生态化是通过构造与环境协调发展的产业生产体系以减少对生态的污染和伤害;Gertler[17]提出产业生态化是通过构建企业网络来实现产品和能量交换,最终实现收益提高和清洁生产;Lambert 和 Boons[18]认为产业系统通过物质能源交换、废物集中处理、生产设备共享,可以实现产业组织的共生;Ehrenfeld[19]则认为企业之间的知识共享和产品交换是产业资源循环利用的重要环节。从企业竞争的视角出发,Fan 和 Cheng[20]认为产业生态化是通过资源共享及不同产业间纵向和横向的整合来实现低排放和高产出,因而产业生态观能否普及的关键在于引导企业基于合理经济动机的广泛参与。然而,产业生态系统无法摆脱社会经济环境的制约和影响而孤立存在。随着研究的深入,产业生态化的内涵逐渐延伸到了宏观尺度的区域产业系统,强调通过对自然生态系统的模仿,设计可以与生态共生的产业生态复合系统,最终实现区域社会、经济、生态的高效协调和可持续发展。通过对产业系统进行调整和改造,Erkman[21]认为产业生态系统可以实现区域生态和产业的高效协调,是实现可持续发展的重要实践手段。从产业系统发展效率的角度出发,Wu 和 Peng[22]认为产业生态系统的发展目标是改善经济运行效率、提高社会和经济效益;Yuan 和 Bi[23]认为产业生态化是运用系统科学、经济规律和生态科学来管理和经营传统产业,以实现经济、社会、生态效益最大化的目标。尽管理解的角度有区别,但微观和宏观尺度的研究都认同:源于对传统产业模式的反思,产业生态化的核心思想在于将生态环境与产业发展视作一个有机整体。

现有针对区域尺度的产业生态化的评价一般可分为三类:第一类是采用单一的特征指数来表征产业生态化水平,如生命周期评估[24]、物质流分析[25]、生态效率评价[26]、环境评估[27]、投入产出[28]和能值理论[29]。第二类是通过构建综合指标体系来评价产业生态化水平[30-32]。第三类是从产业发展和生态保护的角度来构建二者的关系模型,以表征产业生态化水平[11,32-33]。

1.2.2 流域研究

流域是以河流为中心被分水岭所包围的河川集水区，同时具有自然和社会经济属性。一方面，流域作为水文单元，具有自然属性[34]；另一方面，流域也是区域社会经济系统的重要组成，承担着国民经济组织和管理的社会属性[32]。流域问题受到重视始于1941年美国对田纳西河流域的综合治理。此后，日本在治理北上川流域和印度在治理达摩达尔河时均借鉴了田纳西河流域的治理经验，并取得了一定成效。之后，各国政府和学术界对于流域的开发利用和治理保护愈加重视。

流域具有综合性、整体性、系统性、开放性和层次性、关联性等特征[35]。流域研究的特殊性体现在：首先，大多数河流一般都会流经数个行政区，流域各区段的资源分布和经济发展水平差距较大，导致了差异化的流域治理方案；其次，流域发展是以河流为纽带，将经济布局和区域发展无形或有形地联结在了一起，区域发展目标统一且利益相关，协同发展是流域经济的内在要求；最后，流域经济与城市经济相互依存，流域管理需要城市经济的支持[36]。

学术界有关流域的研究主要包括以下三类。第一类研究关注某一流域或者流域某一区段的自然生态要素的表现。例如，Dhaubanjar等[37]提出一种综合评价流域水电可持续潜能的框架，并以印度河上游为例进行了实证分析。Huang和Qiu[38]观测黄河流域径流量的变化并识别了径流变化的驱动因子，研究结论显示土地利用变化、植被覆盖变化和水利工程建设是黄河径流减少的主要原因。Wang等[39]对于闽江流域2001—2020年的植被指数进行观测，研究结论显示闽江的植被指数呈现逆可持续性特征，并且植被覆盖的空间分异受到地形、气候和人类活动的影响。第二类多从生态经济的角度开展流域可持续发展评价的相关研究,强调流域资源的开发利用需要与域内经济、环境、社会形成良性互动,不影响当代和后代满足需求的发展。例如,王奕淇和李国平[40]以黄河流域为例,提出实现流域生态环境与社会经济可持续发展的最优方案是通过协同合作。Fu 等[41]基于压力-响应模型对海河流域 2000—2016 年的经济承载力与环境承载力进行了权衡分析,为海河流域的可持续发展提供了重要参考。秦明星等[42]测算了黄河流域 9 省区的生态系统服务价值与生态环境协调指数,研究表明人类活动与土地利用方式对流域生态系统服务价值影响突出。第三类是针对流域开发治理的评价和诊断研究。例如,伍新木和李雪松[43]提出,“流域开发的外部性及其内部化是流域经济可持续发展的关键”。Xie 等[44]认为跨区域的生态补偿是促进生态环境协作治理,实现流域可持续发展的重要措施。Harifidy 和 Hiroshi[45]对马达加斯加水资源综合治理现状进行了分析,并与日本流域治理进行了对比研究,以加深对马达加斯加流域治理和气候变化影响的认识。Bouckaert 等[46]构建了包括 4 个社会机构指标和 4 个生物物理指标的流域治理诊断框架,并将其应用在澳大利亚、巴西、中国和法国的流域评价中,为流域治理和国际合作提供了新的思路。

作为社会经济系统的主体,流域内的产业发展强度需要在流域环境承载能力和生态阈值内,产业布局需要综合考虑流域空间范围进行统一的规划。可以说,流域产业经济的发展质量与流域可持续发展水平紧密相关。在流域尺度开展的产业相关的研究多集中在产业集聚表现[47]、产业升级影响[48]、产业链整合[49]、产业转型发展[50]、产业联动发展[51]等方面,针对流域区段展开有关产业生态化的研究较少。本书选择黄河流域的几字弯地区作为研究对象，需要以流域区段的可持续发展作为评价基准。

1.2.3 高质量发展

中国经济已经由追求数量型增长转向追求高质量发展。高质量发展逐渐成为科技创新和经济发展的关键目标。高质量发展对实现中国富强民主至关重要，是解决社会根本矛盾的关键手段，是遵循中国经济实践规律的核心所在，是推动中国社会主义现代化建设的基本要求。现有关于高质量发展的研究主要可以分为两类，第一类是关于高质量发展的内涵阐述和实现路径探讨；第二类是以黄河流域为主要研究对象开展的有关生态环境和经济发展的评述研究，以及高质量发展与生态保护之间关系的研究。

首先，对于高质量发展内涵的理解和实现路径的讨论，安树伟和李瑞鹏[52]认为高质量发展体现在以人为本、区域协调、产业支撑、动能转换、市场有效和生态优先六个方面，而黄河流域高质量发展的战略重点在于加强生态治理与区域分工，在促进产业转型升级的同时加强区域联系，从而形成贯通东西的生态经济带。张军扩等[53]提出高质量发展的本质是以满足人民日益增长的对美好生活的需求为目标的绿色、公平和高效的发展。任保平和张倩[54]则认为高质量发展应该从开放发展、创新发展、绿色发展、协同发展和分类发展同时推动，并完善黄河流域的体制机制、空间管控、法律法规、战略规划的支撑体系。赵剑波等[55]认为高质量发展包括民生指向、经济发展和系统平衡三个内涵，即强调对民生水平的关注和增长模式及发展观念的转变。在高质量发展的评价研究方面，不同的学者基于不同的研究角度建立了不同的研究框架，尽管尚未形成统一的评价体系，但是现有研究一致认识到了高质量发展的多维属性需要多维的指标框架来开展研究。例如，魏敏和李书昊[56]构建了包括经济成果惠民、生态文明建设、基础设计完善、区域协调共享、经济增长稳定、市场机制完善、资源配置高效、创新驱动发展和经济结构优化等子系统的指标体系来评价中国经济的高质量水平，并将30个省份区分为落后、平庸和明星三种类型。师博和任保平[57]从经济增长和社会成果两个方面测算经济高质量发展水平。徐辉等[58]从生态安全和经济发展两个方面构建黄河流域高质量发展指标体系。马海涛和徐楦钫[59]以城市群为研究对象，从创新、协调、绿色、开放、共享五个维度进行高质量发展评估。杨开忠和董亚宁[60]提出通过构建要素、空间、时间三维分析框架来推进黄河流域生态保护和高质量发展战略落地。从高质量发展的现实策略来看，郭晗和任保平[61]建议推进流域高质量发展应该实施协同治理、系统治理和分类治理。杨永春等[10]则认为在全球化和智能社会的浪潮中，高质量发展需要建构具有地方特色的产业集群，在区域协同发展下谋划新型城镇化模式，积极发挥中心城市的带动作用。

其次，有关黄河流域高质量发展的研究多是基于《黄河流域生态保护和高质量发展规划纲要》的核心要义展开的，研究视角众多，包括水资源利用、生态福祉、产业发展等。例如，左其亭等[62]计算分析了黄河沿线各省区水资源生态足迹的时空分布特征，以期为黄河流域水资源可持续利用提供基础研究。基于高质量发展的理念，肖黎明和张仙鹏[63]运用改进SFA方法测度了黄河流域各个城市的生态福祉绩效，并建议区域完善空间溢出渠道，以促进生态福祉绩效的协同提升。张春晖等[64]分析了碳中和目标下黄河流域产业结构升级对生态环境的影响。金凤君等[65]总结了黄河流域生态保护与产业发展的主要矛盾，建议区域推进新型工业化、提高资源利用效率、实施生态环境治理和修复工程，并且严格依据生态承载水平确定发展强度。姜长云等[66]认为绿色转型和产业升级滞后已经成为黄河流域发展不平衡的表现，解决的关键在于构建具有可持续能力、竞争协调和地域特色的现代产业体系。徐龙[67]分析了黄河流域省域尺度的水资源状况与经济增长的关系，强调了资源配置对高质量发展的重要意义。李林山等[68]构建了黄河流域产业高质量发展评价指标体系，发现产业各维度的发展指数呈现不同的空间特征与结构性问题。关于生态保护与高质量发展之间的关系，金凤君[69]认为处理好二者的关系，对深化落实五大发展理念，形成新的发展格局和模式具有重要的战略意义。石涛[70]采用社会网络分析法分析了黄河流域经济、生态耦合协调联动效应的空间关联水平和网络特征，提出加快顶层设计和制定差异化的协调政策，以推进生态保护和经济高质量发展。任保平和豆渊博[71]认为黄河流域的发展有其特殊性，实现黄河流域生态保护和高质量发展，要以生态保护为前提，践行共同抓好大保护、协同推进大治理的治黄思想。

本书参考李小建等[72]的观点，认为生态保护与高质量发展相互关联，高质量发展包含着生态保护的内涵。高质量发展的战略目标与可持续发展是统一的。可持续发展是高质量发展的主体内容[10]，是高质量发展的应有之义[73]。推动经济社会可持续发展是实现高质量发展的必由之路，也是“加快形成‘双循环’新发展格局的必然要求”[74]。

以高质量发展作为评价背景，表明针对产业生态化的发展评价框架是基于效益和质量为价值取向构建的。对于产业经济系统而言，表现为发展层次和发展水平更高，产品和服务更加优秀，具体体现在发展的新动能培育、发展效率提高、发展质量优化和发展环境改善上；对于生态环境系统而言，表现为其修复、调节、产出、扩容等维持自身安全和健康的能力，具体体现为生态供需均衡、生态承载稳定和生态福祉高效；对于产业生态系统的共生环境而言，表现为其发展的可持续水平。区域产业生态化的研究是厘清生态保护与高质量发展基本逻辑，探索高质量发展模式，提出发展策略的重要手段。

1.2.4 文献评述

经过对现有文献的梳理可以发现，学术界对产业生态化的研究积累了丰富的素材，可以为本研究提供理论借鉴，但也存在进一步拓展的空间，具体表现在以下几个方面。

第一，现有关于产业生态的研究均强调按照“师法自然”的原则来改造传统的产业经济系统，通过物质与能量的闭环循环来解决发展与保护的矛盾，从而实现产业与生态的协调发展。因此，相应的研究尺度也就多集中在单一时空的小尺度上，重点放在生态产业园的设计与构建，以及企业的生产过程中，忽视了不同产业发展模式的组合和区域表达，换句话来说，产业生态化的研究缺乏大尺度的区域视角。无论是物质共享，还是能量流动，都没有考虑到区位和空间的地理学视角。然而，产业经济体系的构建和发展往往是以在经济上具有内聚性特征的区域为层次的，仅仅局限于小尺度的研究使产业生态系统这种新的产业发展体系难以对区域、国家的产业发展具有指导意义。现有研究中还没有在流域尺度下，基于共生理论开展的产业生态研究。在高质量发展背景下，本书选择几字弯地区作为研究区域，不仅有助于推进流域性的产业生态化，而且可以为资源型城市转型提供依据，为黄河流域高质量发展及跨区域合作提供重要的参考。

第二，通过模仿自然生态系统的物质能量流动来改造产业系统是一味地依靠“两型”技术来解决发展与保护的矛盾，忽视了产业体系内部（包括产业组织、产业布局、产业结构）与资源环境的关系，分裂了微观与宏观之间的有机联系。少有的从宏观视角开展的产业生态研究多关注生态约束对产业发展的影响，将产业经济系统视为黑箱子来处理。过于简单地考虑产业发展需求与生态保护需求之间的联系，而忽视了复合系统的结构特征与运行机制，难以兼顾复合系统的结构与功能的综合表现，这可能导致评价结果有失偏颇，因此无法测度出系统整体发展的真实水平。

第三，倘若将生态化的理念运用到产业发展中，从生态共生和系统科学的视角来分析产业经济系统及其与外部环境的关系就会发现，这里的外部环境应该不仅仅指的是自然环境，还应包含影响共生要素的社会环境和经济环境。也就是说，产业生态应该不仅仅强调产业与生态的协调互动，也应该有区域社会、经济、自然环境的可持续发展的内涵。

第四，现有关于产业生态化的评价研究多是基于要素素质和特征指数，缺少从系统科学和共生理论开展的有关产业生态系统的评价研究。为数不多的从共生角度关注产业发展与生态环境互动过程的研究，仅对二者的互动关系进行了分析，忽视了共生单元自身与共生环境的影响。针对以上问题，目前还没有学者从“理论—方法—方案”的逻辑开展深入系统的研究。

1.3　研究区域与数据来源

本书以自然形成的流域为基础，在考虑城市规划和行政区划完整性的前提下基于现有研究，界定了几字弯地区的范围[75-77]。该区域包括宁夏回族自治区、陕西省、内蒙古自治区和山西省的石嘴山、吴忠、银川、中卫、呼和浩特、包头、巴彦淖尔、延安、榆林、鄂尔多斯、乌海、大同、临汾、太原、忻州、朔州和吕梁，共 17 个市域[78]（见图 1.1）。

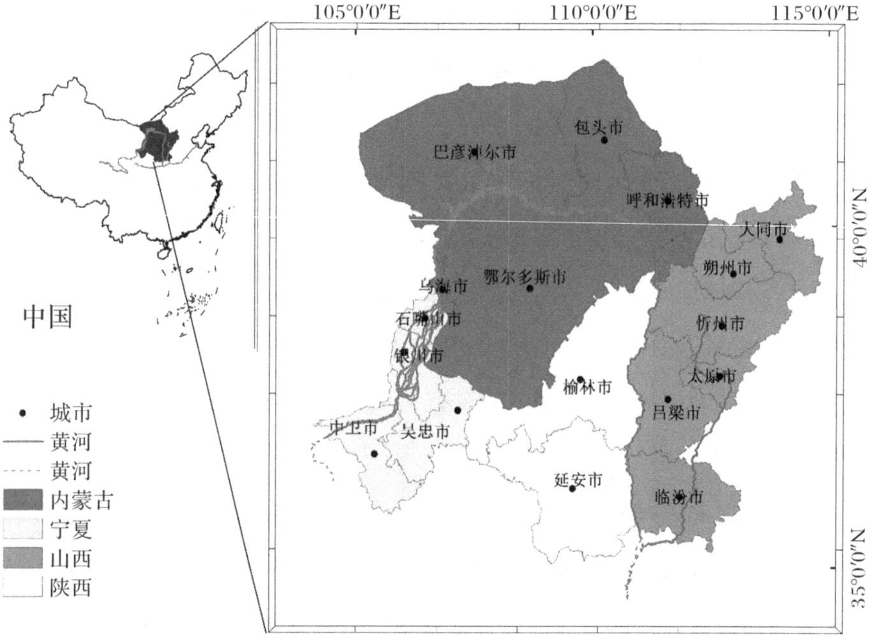

图 1.1　研究区域

几字弯地区的自然环境具有过渡性特征，生态环境十分脆弱。研究区内的干旱、半干旱地区，气候变化十分敏感；河流含沙量大，水资源短缺，水文因子脆弱性很高；以黄土高原为主的地貌单元，受土壤侵蚀切割影响,稳定性较差。同时,该地区以草原和荒漠为主要生态系统,自我调节能力较差。该区土壤盐渍化、土壤侵蚀、土地沙漠化问题突出,是中国西北部典型的生态脆弱区[79]。

从几字弯地区的地理区位来看,其北部与蒙古国接壤,有利于建设中蒙俄经济走廊;西部与欧亚大陆桥相连,有利于同中亚和阿拉伯国家开展多边合作;东部与中国东南沿海相连,有利于承接产业转移。同时,几字弯地区还与山东城市群、中原城市群、关中城市群和兰西城市群接壤,有利于产业集群之间的资源共享和协同创新。凭借这些独特的地理优势,几字弯地区已经成为黄河流域人口和生产力的主要载体和实现高质量发展的重要增长极。

几字弯地区拥有丰富的煤炭资源,并逐渐发展形成了煤炭开采加工和火力发电等一系列煤炭产业。同时,几字弯地区的天然气、石油、电力和煤化工产业也具有显著的发展优势,整体呈现出以能源重化工为主的产业发展特征。尽管能化产业蓬勃发展且势头良好,但该地区依然面临着产能过剩和开发不均衡、产业模式趋同和同质化竞争严重、转型困难和创新水平较低、行政壁垒牢固和相互掣肘明显等困境[76]。

从几字弯地区的城市发展水平来看,地区内的核心城市数量较少,带动能力有限,经济水平和城市化水平差异明显。鄂尔多斯、包头、延安、太原和银川等城市的城市化水平不仅仅高于本区域其他城市,而且也超过了全国城市化的平均水平。同时,作为跨行政区的流域空间,几字弯地区的市场化水平和政策协同表现均较为落后[77],缺少制度化的议事和决策机制,亟须强有力的宏观政策支持和制度创新[80]。

总体来看,几字弯地区生态基础脆弱、市场作用有限、资源投入依赖性大、生产效率不高、产业结构不合理[77]。在智能社会、产业转型升级以及国际国内形势剧变的背景下，几字弯地区面临着巨大的转型压力。特别是在中国社会全面脱贫后，几字弯地区的发展重点已经转变为乡村振兴、经济转型和生态文明建设。因此，以产业转型带动区域生态保护和高质量发展势在必行[81]。本书选择该地区作为研究区域不仅有助于提高区域产业生态化水平，而且可以给全流域的高质量转型提供依据。

本书中的数据来自中国统计年鉴、中国城乡建设统计年鉴、中国林业和草原统计年鉴、陕西统计年鉴、山西统计年鉴、宁夏统计年鉴、内蒙古统计年鉴，以及中国城市统计年鉴[82-89]，对于年限中的空缺值，本书采用插值法进行补充完整。

1.4 研究内容

第一，本书从系统学角度出发，定义产业生态化是产业生态系统构建和发展的过程。同时，本书从系统科学的研究机理出发，找出产业经济系统与生态环境系统相互作用和反馈互动机制。首先，从生态经济学的角度来看，产业经济系统和生态环境系统之间的相互作用是一种功能的耦合，其目标是实现经济、生态、社会效益的耦合。其次，从系统相互作用的角度来看，产业经济系统与生态环境系统通过正反馈和负反馈机制相互作用。从产业经济学和生态科学及其派生出的共生理论出发，本书第 3 章详细论述了产业经济与生态环境互动关系的共生机理。参照共生系统的构成，本书构建的产业生态系统评价体系包括共生单元、共生模式和共生环境三部分的评价主体，并采用模型方法分别对复合系统的共生环境可持续水平、共生单元的高质量发育水平和共生模式识别进行评价。

第二，产业经济系统与生态环境系统作为两个共生单元相辅相成，协调融合成功能复杂、结构复杂的复合系统。本书第 4 章和第 5 章分别构建“三支点、一保障”的产业经济系统高质量评价框架和“数量-效率-结构”的生态环境系统高质量评价框架，第 6 章采用灰色 Lotka-Volterra 模型对于产业生态系统共生模式进行识别。

第三，对于产业生态共生系统而言，其共生环境为区域内的所有社会、经济和自然生态环境的总和。共生环境的可持续水平影响着共生单元的高质量发展和共生模式的演化。由于自然资本是产业经济系统和生态环境系统发展和交流的核心要素，因而可以从自然资本的角度来评价区域共生环境的可持续发展水平。本书第 7 章采用三维生态足迹模型，从自然资本利用规模和分配公平、产出效率和供给潜力、效益协调和功能安全六个维度构建共生环境可持续发展“S－C－E”评价框架。

第四，考虑到产业生态系统结构与功能相互联系、相互促进、相互影响的关系，基于主体评价结论，本书第 8 章从复合系统的功能和结构两个维度确定区域产业生态化水平。产业生态系统的结构与功能相互依存。系统结构是系统功能的基础，系统功能依赖于系统的结构。其中，功能的成熟度可基于共生单元和共生模式表现，采用模型计算确定；结构有序度可基于共生单元和共生环境表现，采用进化动量模型修正后的耦合协调模型决定。

第五，为了识别产业生态化的影响机制，本书第 8 章采用有序 Probit 模型和地理探测器模型分别对产业生态系统的成熟度和有序度的影响因素进行分析。

本书在提出产业生态化评价框架的基础上，以黄河几字弯地区作为研究区域进行实证分析，技术路线如图 1.2 所示。

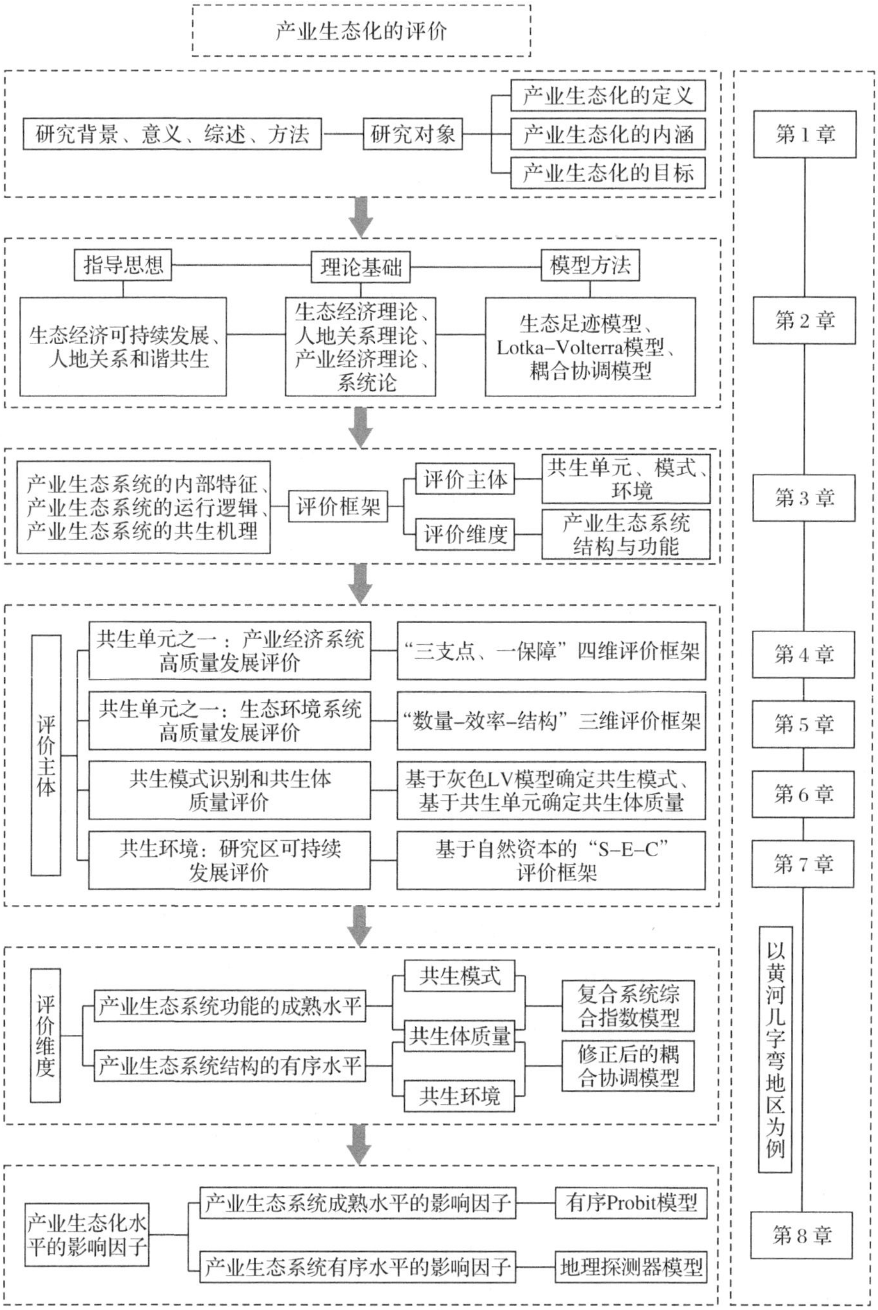
产业生态化的评价
研究背景、意义、综述、方法
研究对象
产业生态化的定义
产业生态化的内涵
产业生态化的目标
指导思想
理论基础
模型方法
生态经济可持续发展、人地关系和谐共生
生态经济理论、人地关系理论、产业经济理论、系统论
生态足迹模型、Lotka–Volterra模型、耦合协调模型
产业生态系统的内部特征、产业生态系统的运行逻辑、产业生态系统的共生机理
评价框架
评价主体
评价维度
共生单元、模式、环境
产业生态系统结构与功能
评价主体
共生单元之一：产业经济系统高质量发展评价
"三支点、一保障"四维评价框架
共生单元之一：生态环境系统高质量发展评价
"数量–效率–结构"三维评价框架
共生模式识别和共生体质量评价
基于灰色LV模型确定共生模式、基于共生单元确定共生体质量
共生环境：研究区可持续发展评价
基于自然资本的"S–E–C"评价框架
评价维度
产业生态系统功能的成熟水平
产业生态系统结构的有序水平
共生模式
共生体质量
共生环境
复合系统综合指数模型
修正后的耦合协调模型
产业生态化水平的影响因子
产业生态系统成熟水平的影响因子
产业生态系统有序水平的影响因子
有序Probit模型
地理探测器模型
第1章
第2章
第3章
第4章
第5章
第6章
第7章
以黄河几字弯地区为例
第8章

图 1.2　技术路线

第2章

概念、理论与方法

2.1 核心概念

2.1.1 生态环境系统

生态系统的概念是在 1935 年首次由生态学家 Tansley[90] 提出的。生态系统是指生物群落与周边环境之间相互依赖、相互影响、相互作用，通过自然界中时间和空间的信息、能量与物质循环形成的具有一定功能和结构的，可以自组织和自调节的完整整体。生态系统不仅为人类的生活、生产提供资源，而且通过生物多样性保护、水土保持、污染净化、水源涵养、气候调节等功能，为人类提供适宜的生存空间。

生态环境系统是依托高质量发展理念对生态系统的进一步延伸。以人类为主体，生态环境是“生态关系组成的环境”，是影响人类生活和生产的所有自然因子和作用的总和[91]。从系统学的角度出发[92]，生态环境系统是基于影响人类生存和发展的所有自然资本所构建的具有自我调节、自我维护能力的动态系统，具有不稳定性、脆弱性、交互性和开放性的特点。生态环境系统发展的能力包括系统的调节能力、承压能力、修复能力和发展生存空间能力等，泛指维持生态系统安全且健康运行的能力。需要注意的是，只有在系统持续稳定创造资本或者资本消耗在合理限度之内时，系统的功能才可以发挥出来。如果超过了系统的承载能力，则需要依赖人类调控；否则，生态环境系统将会崩溃。

2.1.2 产业经济系统

作为社会经济系统的子系统，产业经济系统是由同种属性的若干行业或产业共存兼容耦合形成的[93]，具有信息、物质、能量交流功能，在外部诱因和内部动因的推动下，经历从低级到高级，从不成熟到成熟，从简单到复杂演化的复合体[94]。

作为经济学领域的一个概念，产业经济系统是系统科学在经济学领域的应用，也是产业生态化的目标对象。

2.1.3 产业生态系统

根植于产业与环境互动的系统观，本书在现有研究的基础上定义产业生态系统是在一定的地理单元内的产业经济系统通过仿照自然生态系统重塑产业经济模式，追求经济、生态和社会效益的统一和协调。产业生态系统处在动态演化之中，其与自然生态系统的区别之一在于它的构成和运行很大程度上依赖于人的调控。人有意识地对该系统进行调控的动态过程即是区域产业生态化。

产业经济系统与产业生态系统从字面上看相似，但是二者区别明显。产业生态系统不仅局限于经济领域的发展，且更加侧重于对社会经济生态领域的整体、系统、全面的分析与再认识，是产业发展目标的升级。换句话说，产业经济系统是产业生态系统发展的主体，而产业生态系统是产业经济系统发展的目标。

2.1.4 产业生态化

基于现有研究[95-98]，本书定义产业生态化为通过共生原理对产业经济系统优化耦合形成高质量的、与生态环境协调共生的产业生态系统的过程。产业生态化不是构建和创造新的产业经济系统或生态环境系统，而是要在遵循发展规律的基础上，通过制定科学合理的发展规划来优化发展环境、改善产业生态系统发展质量，并促进子系统的互利共生。从宏观的区域尺度来看，产业生态化包含发展环境可持续、生态环境系统安全且质量有改善、产业经济系统高质量转型、产业发展与生态环境和谐共生四个内涵。因此，一方面，产业生态化寻求产业生态系统的高质量发展及子系统的协同进化、相互依存，这表征了产业生态系统功能的成熟水平。另一方面，产业生态化追求产业生态系统与区域社会-经济-生态环境耦合协调、平衡发展，这表征了产业生态系统发展的有序水平。从共生系统的角度来看，产业生态化的目标就是实现产业经济系统与生态环境系统在可持续的共生环境下和谐、可持续发展，即产业生态系统的成熟和有序。因此，产业生态化的研究可以从复合系统功能上的成熟水平和结构上的秩序演进两个维度展开评价研究。

如果将产业生态系统的发展过程看作是一个时间序列的状态，那么产业生态系统则是对这个时间序列进行截面描述，而产业生态化则可以看作是对产业生态系统进行的动态描述。从本质上来看，区域产业生态化与区域产业生态系统构建和发展是统一的。

2.2 理论基础

产业生态化是从事产业发展规划、环境保护、生态评价、经济发展等学科研究的学者们所关注的重要问题。各学科均基于不同的方法理论展开相关研究，主要包括生态经济理论、人地关系理论、系统论、产业经济理论、共生理论等。

2.2.1 生态经济理论

作为一门融合社会经济学和生态学的新兴交叉学科，生态经济学源自对后工业社会的反映，与可持续发展的内涵相结合[99]。通过探寻经济系统与生命系统之间的信息传递、能量流动和物质循环规律与调控机制，生态经济学强调解决生态与经济的矛盾，以实现经济生态化、生态经济化和二者的和谐共生。生态经济学的研究对象是由经济系统和生态系统耦合而成的生态经济系统，系统内部和子系统之间借助反馈机制进行自我调节和维持系统稳定。生态系统内部存在一个追求稳定和平衡的稳定型的负反馈机制，经济系统内部存在一个追求扩容和发展的增长型的正反馈机制，生态经济系统发展的驱动力便是具有稳定型负反馈机制的生态系统对资本的有限供给和具有增长型正反馈机制的经济系统对资本的无限需求之间的矛盾。然而，这一矛盾本质上并不对立，反而在一定的条件下具有相互统一、协调发展的规律性和必然性[100]。

作为生态经济学的中心内容，可持续发展问题是学术界的研究热点[101]。可持续发展是指既满足当代人的需要，又不损害后代人满足需求的发展[102]。可持续发展的本质是协调、持续和发展，其发展目标是创建安全、稳定、和谐的人文环境和体现质量、数量、速度的发展模式[103]。可持续发展强调综合的、内生的、整体的内涵认知，要求资源环境的开发和利用与经济发展相协调，并且可以在人类之间与代与代之间公平分配。与传统的只强调数量增长的发展观不同，可持续发展作为一种全新的发展观念，强调社会、经济、生态全方位的持续发展。和谐的人地关系是可持续发展能力的硬支撑，协调的人与人的关系是可持续发展能力的软支撑。

面对可持续发展的需求，中国也在不断贡献中国经验和中国方案。例如，党的十八大提出的人类命运共同体的理念[104]和十九大报告中的高质量发展战略[53]，便与可持续发展的战略目标一致。作为资源环境和社会经济交互的重要界面，产业经济系统是推动可持续发展理论走向实践的重要对象。特别是随着人类对生态保护的重视程度和产业发展模式转变迫切性的提高，产业生态化已经成为新时代生态经济体系建设的物质基础[105]，从产业层面为可持续发展的落地设计了一种道路，是人类历史上追求人地和谐共存的一次充满想象力和智慧的巨大飞跃。作为共生系统的核心要素，共生环境的可持续发展对于产业生态化至关重要。

2.2.2 人地关系理论

人地关系是人类诞生以来随着社会经济发展及外部条件变化就客观存在的关系，是地理学研究的永恒主题，研究人类生存与可持续发展的问题[106]。从“决定论”“或然论”“适应论”“文化景观论”到“和谐论”，人们对于人地关系的内涵认识处在不断的变化中。例如，王恩涌[107]从文化人类学的角度解读了不同时期和地区对人地关系的理解，提出人地关系分析应该注重历史分析。吴传钧[108]认为人地关系中的“地”是由人文和自然要素交织结合形成的地理环境整体，而“人”是具有社会和生物属性的，因此人地关系的研究也具有社会和自然属性，其主要研究的内容就是人类社会对环境的影响及这种影响对人类的反馈作用。方修琦和张兰生[109]提出人地关系演变受到地理环境和技术水平的驱动，研究重点应该放在对人地关系的内部要素互动机制的揭示上。蔡运龙[110]也强调了科学技术作为人地关系重要媒介的作用。焦宝玉[111]认为人地关系具有动态性、功能性、层次性、结构性和整体性的特征，研究人地关系的目的是为了促进环境与人的和谐共生，从而实现可持续发展战略。付孟泽[112]从“人”与“地”的相互作用过程定义了人地关系：人类活动通过适应、利用和改造作用于自然环境，而自然环境通过其属性特征对人类产生固有影响和反馈作用。进入21世纪以后，人地关系机理调控、区域可持续发展和全球环境变化逐渐成为人地关系研究的前沿领域[113]。随着近三十年来信息与智能革命兴起、快速交通体系建设和日新月异的经济社会转型，不同形态的人地矛盾逐渐凸显，人地关系的研究更加趋向复杂化和多元化。在此背景下，学者们逐渐达成共识：人地关系的理想模式和人类社会追求的最终目标是人地和谐共生[114]。从系统观的视角来看，人地关系系统是人与地相互影响、相互作用形成的统一整体[115]，若把此系统和要素落实到空间上，即人地关系地域系统[108]。

在人地关系耦合过程中，社会经济系统是驱动环境变化的主因，对于产业经济系统这类高强度的经济开发过程，需要探寻问题导向下的人地关系优化途径和和谐共生调控路径[116]。作为解决产业问题、增进社会福利和保持竞争力的重要手段[117]，产业生态化的思想与人地关系追求和谐共生是一脉相承的。本书基于共生理论对区域产业生态化水平进行评价其实就是从产业视角出发的，以人地关系最终目标为导向的评价研究。

2.2.3　产业经济理论

产业经济理论是研究经济问题的应用经济理论体系。以产业体系为研究对象，产业经济学者通过探讨产业结构、产业发展、产业政策、产业布局、产业组织等内容来为国家制定产业发展策略，并为国民经济发展战略提供理论依据[118-119]。产业生态系统的构建是“工业企业重新组合形成新的整体内部化”[120]，区域产业生态化需要构建一个存在于客观世界的，包括生态化的产业结构、生态化的产业组织等内容的，依靠政府、企业和民众支撑的大系统平台。在这一过程中，产业经济理论是关键的理论支撑。

产业经济理论的完善和产业经济系统的发展为经济学带来了两个新的命题：协调生态保护与产业发展之间的关系研究以及传统模型在解决此类问题的局限性如何突破。产业经济系统本身是一个不断变化的动态系统，并且这个系统时时刻刻与外部环境进行着相互作用。发展与保护的关系不是简单的此消彼长，理想状态下可以发展成互相依存的共生关系，达成一种动态的均衡，而利用以线性分析和最优解为基础框架的传统经济学模型无法预测产业发展对生态环境的约束条件会产生何种反馈作用。也就是说，传统的经济理论无法对这种互动关系进行模拟分析，这就使得产业经济的分析在一定程度上缺少连续性和灵敏性，对于产业发展模拟的设想只包括突破边界走向崩溃和在边界内的持续发展。因此,在产业经济学基础上借鉴跨学科的理论和方法,不仅可以为把握和预测产业发展提供新思路,同时也可扩展现有的经济学研究框架。

2.2.4 系统论

系统论首次被引入科学方法的范畴是在贝塔朗菲的著作《一般系统论:基础、发展和应用》中[121]。以承认事物的普遍联系为基础,系统论是科学揭示系统对象的存在、关系及其发展规律的科学方法和观点。其特点是采用系统的,而不是片面的、孤立的观点来看待研究对象。每一个相对独立统一且相互制约、相互联系、相互影响的子系统可以组建成为更复杂、更庞大的有机的、和谐的高级系统。系统论就是通过将研究对象分解为若干子系统形成的完整系统,并深入挖掘子系统间的联系而进行的多维度多层次的科学研究范式。由此,如果系统一旦出现问题,通过了解各子系统、各节点的功能作用,便可以及时排查问题并提出相应的解决措施。以系统的理念和观点开展研究,表明研究对象具有系统性属性。复杂系统具有动态的、多功能、多层次、开放的结构,可以通过学习和发展不断进行重组和完善,并朝着适应的方向发展[122]。

产业生态化是社会政治文化与生态环境发展一体化的过程,同时也是产业经济发展质量与生态环境质量一体化的过程。政府、企业和公众的发展观和生态观对这一过程影响至远[120]。本书定义的产业生态系统是由产业经济和生态环境组成的一个复合系统,子系统之间相互联系、相互制约形成动态平衡,追求社会、经济、生态效益的协调可持续。

2.2.5 共生理论

共生的概念最早是由德国生物学家 Debarry 提出的,主要描述不同生物种属由于某种程度的联系而形成的共同生存、协同发展的关系[123]。共生系统中包括共生环境、共生模式和共生单元三要素。共生单元是形成共生系统的基本物质基础，是构成共生系统的基本能量生产和交换单位，其特征和性质不尽相同。共生模式是共生系统的核心，代表着共生单元之间相互结合或相互作用的方式，也被称为共生关系。共生环境是共生单元以外的所有环境因素的总和。也就是说，共生单元在一定的共生环境中按照某种共生模式在不断变化和发展中形成一个动态开放系统即为共生系统，系统内部的共生要素之间相互影响、相互作用，促使共生关系不断变化[124]。在特定的时空条件下，具有关联性的共生单元基于能量、信息和物质传导的媒介和载体而相互了解接触，是形成共生机制的基础。也就是说，共生关系的产生和持续要求共生单元具有一定的关联度、同质度和亲近度，并且这种联系越强，共生关系便越容易演变为相互补充、相互协作、相互吸引和相互促进的状态。具体来看，种间关系包括种间竞争、捕食、寄生、偏利共生、互利共生[125]。

共生具有以下特征：作为一种自组织现象，共生系统通过共生模式产生的新能量使得共生单元在相互作用中共同进化，具有涨落性、非平衡性、非线性和开放性的特点[126]。共生现象的本质是竞合关系，同时具有协调性、互动性和包容性的特征[127]。共生系统中至少包括两个共生单元[128]，其通过合理分工产生的共生能量的流动，形成一种特殊的结构以适应共生环境的变化[129]。共生单元的规模不能过大或过小，否则共生系统便不会稳定。尽管合作和竞争看似是两个极端，但二者也可以是一对互补的力量：竞争是对性质不同的地位与目的的独立追求，合作是对共同的效果和目的的联合追求[130-131]。总而言之，在共生系统中，共生单元通过合作、竞争和分工原则开展活动，最终形成新的组织系统并实现共同进化，继而促进共生单元的演化发展。

共生理论源于生态学，但已超越了生态学范围，并逐渐扩展到社会科学和哲学领域[132-133]。它更多的是一种方法论和认识论，成为一门分支学科[134]。共生理论在经济学领域中的应用主要在于产业经济学中，强调在产业发展过程中的环境保护和资源的合理利用。这与当下所倡导的低碳经济、高质量发展和可持续发展的理念一致。在前法国总统希拉克看来，产业生态化是一种实现可持续发展的新的消费和生产方式。共生理论在产业经济学中的研究多集中在企业和特定产业的尺度，缺少区域尺度的评价研究。例如，通过数学模型对企业共生机制进行分析，赵红等[135]认为企业共生体达到均衡的条件是共生经济效益等于边际共生成本；认为农工共生型生态产业园是产业共生理论在区域层面的具体体现，并总结了具体的产业园发展设计原则、建设意义和发展模式。张艳[136]从农业和工业两个维度构建包括园区公共服务系统、基础设施系统和生态产业链系统的 Eips 来分析产业共生体系中的产业结构。郭莉和苏敬勤[137]运用 logistic 方程，对生态产业园的单方活力型、依赖型、依托型、和平型的共生模式的稳定条件进行分析并给出政策建议。陈飞飞[138]从城乡规划和环境保护的角度切入，对生态产业园的循环共生产业链、规划设计和可持续发展进行评价研究。从现有研究中可以看出，共生研究多集中在共生模式的研究中，忽略了共生单元和共生环境对复合系统的影响，由此可能造成评价结论的不准确。

2.3 方法与模型

产业生态学的研究涉及管理科学、系统科学、产业生态学、产业经济学等多个学科理论。因此，本书采用跨学科的方法开展研究，主要方法包括：第一，规范分析方法。本书以产业经济的发展逻辑和产业生态的理论作为出发点和依据，提出产业经济系统和生态环境系统高质量发展的研究体系，并将其作为实现产业生态化的理论依据，探讨如何才能达到相应的标准和要求。第二，系统分析方法。系统科学是处理复合系统的常用方法和理论。本书鉴于评价主体特征，利用系统分析方法对产业生态系统开展综合评价。特别是基于研究对象内涵对产业经济系统和生态环境系统展开定量评价，并且从复合系统的结构和功能维度进行产业生态化的评价。第三，定性与定量分析相结合。本书在对产业生态化定性研究的基础上，构建基于复合系统结构与功能的评价框架，通过模型化的定量方法对共生单元、共生环境和共生模式展开评价，具体的模型包括生态足迹模型、Lotka-Volterra 模型、耦合协调模型等。

2.3.1　生态足迹模型

随着人地关系矛盾的逐渐凸显，生态足迹理论应运而生。生态足迹模型是评价人类行为对生态环境压力的综合指标[139]，是为特定数量的人口提供生态资本，并计算吸收因消费资本所产生的废弃物所需要的生物生产性土地的总面积[140]。通过对人类发展所需要的生产性土地面积与实际的生态用地供给面积进行比较，可以评价区域的可持续发展水平[141]，这体现了学者对于可持续发展的追求和探索。生态足迹模型包含两个重要的前提：第一，人类活动过程中所消耗的资源和产生的废弃物均可以被记录；第二，自然资本消耗和产生的废弃物均可转换为生物生产性土地面积。综上所述，生态足迹模型的意义是通过计算承载与足迹间的关系来分析生态环境与人类活动间的协调与矛盾程度，旨在通过土地面积为定量研究区域可持续水平提供决策思考和判断依据。目前运用生态足迹模型的研究涉及宏观和微观尺度，宏观尺度的研究对象包括国家[142]、大型工程项目[143]、城市[144]，甚至国际尺度[145]，微观尺度的研究对象包括家庭[146]、学校[147]、工程建设[148]等。

2.3.2 Lotka-Volterra 模型

Lotka-Volterra(LV)模型最初由 Lotka[149]和 Volterra[150]用来描述生物种群之间的关系。LV 模型的实质是 logistic 模型的衍生，常用来量化种群间的竞争与合作关系，即共生单元之间存在的密切而长期的相互作用和相互依赖的共存现象。例如，Lauro 等[151]使用 LV 模型来描述微生物系统内的合作如何受到环境参数对关键微生物种群的周期性波动的影响；Szolnoki 等[152]总结了石头-剪刀-布模型以及 LV 模型在结构化种群共生和竞争研究中的应用。其基本形式见公式(2.1)。

$$\begin{cases} \dfrac{\mathrm{d}N_1(t)}{\mathrm{d}t} = r_1 N_1(t)\left(\dfrac{K_1 - N_1(t) - \alpha N_2(t)}{K_1}\right) \\ \dfrac{\mathrm{d}N_2(t)}{\mathrm{d}t} = r_2 N_2(t)\left(\dfrac{K_2 - N_2(t) - \beta N_1(t)}{K_2}\right) \end{cases} \tag{2.1}$$

其中，$N_1(t)$代表种群 S_1的数量；$N_2(t)$代表种群 S_2的数量；K_1和 K_2分别表示种群 S_1和种群 S_2的环境容纳量；r_1和 r_2分别表示种群 S_1和种群 S_2的增长率；α 和 β 分别表示种群 S_2对 S_1和 S_1对 S_2的竞争系数；$\alpha N_2(t)$代表种群 S_1的环境容纳量中，种群 S_2的存在占据的环境容量相当于 α 个种群 S_1占据的环境容量。当 $\alpha(\beta)>0$ 时，种群 $S_2(S_1)$侵占了种群 $S_1(S_2)$的环境容纳量；当 $\alpha(\beta)<0$ 时，种群 $S_2(S_1)$扩充了种群 $S_1(S_2)$的环境容纳量。

LV 模型也适用于其他研究领域。例如，Soloveichik 等[153]在分子规划分析中使用了 LV 模型；Bao 等[154]考虑了具有跳跃特征的竞争 LV 种群动态；Zhang 等[155]基于 LV 方程讨论了智能增长计划对人口-经济-环境-社会的影响；Xia 等[156]借助 LV 模型构建了科学家与社交媒体平台之间的科学传播生态系统共生演化模型。本书将 LV 模型应用在识别产业经济系统与生态环境系统的关系中，产业经济系统与生态环境系统可以作为共生系统中的共生单元。本书根据公式(2.1)构造产业生态系统 LV 共生模型，见公式(2.2)。

$$\begin{cases} \dfrac{\mathrm{d}I}{\mathrm{d}t} = F_1(I,E) = r_1 I\left(\dfrac{K_1 - I + \theta_1 E}{K_1}\right) \\ \dfrac{\mathrm{d}E}{\mathrm{d}t} = F_2(I,E) = r_2 E\left(\dfrac{K_2 - E + \theta_2 I}{K_2}\right) \end{cases} \tag{2.2}$$

式中，I 和 E 分别表示产业经济系统发展指数和生态环境系统发展指数；r_i 表示系统 i 的增长率；K_i 表示系统 i 的最高发展水平；θ_1、θ_2 分别表示产业经济系统和生态环境系统的受力方向与受力大小；若 θ_i 大于零，则影响为促进效果；否则，有抑制作用。函数 $f(\theta_1,\theta_2)$ 用来计算系统间的共生协调指数。本书将共生协调指数定义为 $C=f(\theta_1,\theta_2)=\dfrac{\theta_1+\theta_2}{\sqrt{\theta_1^2+\theta_2^2}}, C\in\left[-\sqrt{2},\sqrt{2}\right]$。$C\in\left[-\sqrt{2},0\right]$ 为竞争、偏害、寄生状态的非共生区间；$C\in[0,1]$ 为转折的弱单害区间。两个区间的交界处 $C=0$，为生态环境系统的安全底线。具体来看，当两个系统的发展相互促进时，$C\in\left[1,\sqrt{2}\right]$；当两个系统的发展相互抑制时，$C\in\left[-\sqrt{2},-1\right]$。当两个系统之间存在单方抑制时，$C\in[-1,1]$。如果 $\theta_1+\theta_2\geqslant 0, C\in[0,1]$，则两个系统具有一定的互补性，可以发展为共生关系；如果 $\theta_1+\theta_2\leqslant 0, C\in[-1,0]$，则一个系统对另一个系统的影响较大，可能转变为竞争关系。共生协调指数越大，共生单元之间就越互利共生；共生协调指数越小，系统之间就越趋向互害与竞争关系。

当 LV 模型用于研究生态与经济之间的关系时，通常是与定性框架相结合的。例如，Ji 等[157]基于压力-状态-影响-响应框架，利用 LV 模型研究了中国海水养殖业经济与生态系统的共生关系。Gao 等[158]基于驱动力-压力-状态-影响-响应框架，应用 LV 模型计算了 9 个沿海城市社会经济系统与海洋生态系统的共生度。王嵩等[159]通过压力-状态-影响-响应模型求解 LV 模型的关键指数，以评估海洋生态与海洋经济间的共生模式。

由于估计模型系数的非线性最小二乘法对于模型的初始值依赖很大，因此十分容易产生误差[160]。为了解决这一问题，Wu 等[161]提出了一种灰色 LV(GLV)模型，并在平均绝对百分比误差最小的准则下，采用线性方程的方法来估计参数。GLV 模型的准确性得到了验证。例如，Mao 等[162]利用 GLV 模型来分析第三方支付与银行间的竞争合作关系；Zhang 和 Huang[163]利用 GLV 模型来研究技术创新、资源消耗、环境质量和产业发展质量之间的竞争与合作；Wang 和 Zhu[164]运用 GLV 模型检验了中国与新加坡、马来西亚和泰国的贸易关系。综上所述，考虑到 GLV 模型省略了定性评价框架的构建，应用 GLV 模型来识别产业经济系统与生态环境系统之间的关系不仅可以提高准确性，而且可以使评价过程更加简洁和精确。

2.3.3 耦合协调模型

“耦合”一词属于物理学范畴，它的原意是表现两个或两个以上电路配件在能量传输过程中输入和输出间的紧密协作和交互影响，耦合度表征了该过程中相互作用的强弱水平。随着研究领域的不断扩展，学者们将这一理论扩大应用到非电学领域，用以表征两个及两个以上研究对象彼此之间相互需求、相互影响的程度。耦合度越高，说明联系和交互作用越强，二者的发展更加趋向于有序演化[165]。但是，耦合度不能反映研究对象是在高水平上的相互促进还是低水平的相互制约，即耦合度无法表征二者的整体效益水平。因此，现有研究中经常引入耦合协调度的概念来反映研究对象的交互作用、协调程度，以及系统的综合结构和整体效益[166]。例如，马丽等[167]通过对中国地级市环境污染与经济的耦合关系分析，将城市分为磨合区域、协调区域、拮抗区域和低耦合区域；Tang[168]采用耦合协调模型研究黑龙江省 1996—2012 年旅游产业与生态环境的耦合协调关系；王少剑等[169]借助耦合协调模型分析了 1980—2011 年京津冀地区生态环境与城市化的耦合过程与演进趋势，结果表明环境与城市化的关系呈现倒 U 形曲线，而动态协调度呈 S 形趋势。本书认为产业生态系统中共生单元和共生环境内部一直在进行着能量交换和物质传递，并且随着人类活动的开展，导致二者之间也有了交流并产生耦合，耦合协调水平的高低可以体现产业生态系统的结构有序水平的高低。

第 3 章

产业生态系统的共生机理和评价框架

自然生物要素之间及其与非生物要素之间的共生关系，同样在区域的产业生态系统中也可以找到。产业经济活动与生态环境之间存在着相互依存和相互作用的共生行为，同时也形成了多种多样的共生模式。产业生态系统在共生模式和共生行为的双重约束下展现出进化性和动态性的特征，并且表现出共生效应。随着生态经济学和产业生态学不断发展，源于自然生态系统的共生理论被证实可以应用于宏观尺度的产业生态研究。基于系统科学和共生理论，本章从共生系统的结构角度切入，深入剖析产业生态系统的结构特征、运行逻辑和共生关系，这为构建产业生态化的评价框架与优化系统发育提供了科学借鉴。

3.1 产业生态系统内部特征与运行逻辑

3.1.1 产业生态系统的内部特征

产业生态系统具有因果特征、多重反馈特征、非线性特征和系统惯性。因果特征是复合系统的基本规律，也是展开研究的出发点。简单来说，因果特性是指复合系统的状态和改变都是有原因的。例如，粗放型的资源开采会加重环境污染和资源浪费，而发展清洁能源和发展绿色经济则有助于环境改善。所以，在进行系统分析时，需仔细鉴别系统发展的驱动力、状态改变的原因、接受外部影响的结果与可能造成的影响。同时，考虑到区域复合系统具有地理属性，还要做到“因地制宜”和进行“一果多因”“一因多果”的分析。例如，经济发展不仅意味自然资本消耗和生态压力增大，同时也蕴含着可以减缓生态压力的科技创新。在评价区域产业生态系统时，需要结合地区发展状况，仔细审视系统作用关系与外部环境。值得注意的是，由于复合系统还存在着惯性特征，因此系统的变化需要更为强大的外在作用力，特别是中国的经济增长模式一贯严重依赖于资源投入，这一“惯性”使得以高质量发展为目的的生产模式转变效果不会在朝夕之间凸显。也就是说，改革不是一蹴而就的，目标的实现需要坚定不移地走下去。同时，在进行系统评价时，需要考虑到政策实施，或者是外部环境变化带来的状态改变可能是滞后的。非线性特征是指子系统的要素投入与产出之间，以及因果的相互作用关系是非线性的，这体现出了复合系统的复杂性。以产业经济系统和生态环境系统的互动为例，随着经济的发展和技术的进步，单位能耗的产出可能逐渐增加，因此，在对区域产业生态系统进行分析时，需要充分利用数据模型，并把握好这种非线性的关系。

对于复合系统而言，只要存在因果关系就存在反馈关系。反馈关系包括正反馈与负反馈。正反馈可导致系统的退化和消亡，也可以带来系统的发展与进化。通过复合系统结构中的某一成分改变引发的连锁反应来加速最初变化，正反馈的作用就是系统运动和状态变化的推动器。例如，粗放型的资源开采在实现经济增长的同时会导致生态恶化，当生态承载力无法支撑发展需求时，可能会造成对自然资本的竞争和治理成本的上升，这一情况可能会继而刺激对自然资本存量的开采和利用，这就形成了一个消极作用不断加强的正反馈环。如果任由这种反馈继续，最终会导致系统的彻底崩溃。但是，复合系统中还存在着具有抑制和减弱变化、维持系统稳定和平衡作用的负反馈机制。在上面的案例中，为了防止系统走向崩溃，就必须注重负反馈机制的调节作用。例如，通过减少资本投入、提高资本利用效率、加强污染末端治理、环境规制介入等手段，使生态足迹减小到生态承载范围之内。

综上所述，构建合理的反馈机制是产业生态系统保持结构和功能稳定，保证系统正常运行和演化的重要内容。利用好正反馈机制的放大和推动作用，可以促使系统演进；利用好负反馈机制的缓解和稳定作用，有助于消减系统的不利因素。只有正、负反馈机制的相互协同与互相辅助，才能使产业生态系统形成良性循环机制。

3.1.2 产业生态系统的运行逻辑

本书从系统科学的角度出发，将产业生态系统定义为生态环境系统与产业经济系统在结构和功能上相互关联、相互交叉、相互制约的复合系统。该复合系统的主体为产业经济系统，并通过价值流、能量流和物质流的闭路循环实现生态要素和生产要素的合理配置与高效利用，最终取得经济价值与生态价值的双赢。该系统的运行遵守以下四条逻辑。

第一，产业活动在产生经济价值的同时，也会创造生态价值。也就是说，产业活动在利用自然资本，通过劳动力、科技、物流等生产产品与服务的过程中，一些活动在消耗资源和产生污染，同时也有一些活动有助于生态环境的改善。

第二，区域的环境容量和自然资本存量是取之有尽的，因此产业经济系统的发展须在生态承载范围内，这也是可持续发展的基本要求。

第三，原材料、产品和废弃物可以通过产业链在系统内部互相转换。产业生态化是通过产业和生态要素的非线性互动实现的。

第四，产业生态系统具有自组织性、抗干扰性的特点。子系统之间、系统内部与外部之间的有机联系同时作用于复合系统，使其在不断进化、调整、变化、发展的过程中走向结构有序、功能成熟。

3.2　产业生态系统的共生机理

3.2.1　基于生态经济学角度的效益分析

生态环境系统质量的优化不仅可以带来生态效益，同时也满足了人类对生态产品的社会需求。产业经济系统的发展在实现经济效益的同时，也带来了社会福利、人口增加等社会效益。因此，产业生态系统的构建、发育和成熟伴随着经济效益、生态效益，以及二者派生出的社会效益。从经济学的角度来理解，如果生态环境系统和产业经济系统二者相互独立，而自然资本要素是实现生态效益和经济效益的根本来源，那么在自然资本存量一定的情况下带来的效益是确定的，经济效益和生态效益便是对立的、此消彼长的。但是，产业经济系统与生态环境系统相互交叉和渗透，经济效益和生态效益也具有统一的一面。具体表现在：在劳动力和自然资本投入不变的情况下，如果各类要素配置合理且技术手段恰当，那么生态效益和经济效益均可得到较大限度的实现，同时，从物理结构的角度来看，产业经济系统和生态环境系统难以完全分割，这主要是由于产业系统本身具有二重性特征，产业活动带来的经济效益也会吸引针对生态建设的投资，从而提高生态效益。这一特征正是产业经济与生态环境互动的基础，其目的是在现有资本、人口、技术和资金的约束下实现效益水平的帕累托最优。

基于上面的论述可以看出，产业经济系统与生态环境系统是不可分割、相互交织的，在物理结构上难以分割，在功能上相互耦合。两个子系统相辅相成，协调融合成为一个功能复杂、结构复杂的复合系统。其中，产业经济系统是复合系统的主体，自然资本的生态价值和潜在的经济价值是产业发展的基础，是经济、社会和生态效益的本源。这与中央提出的“生态与产业并重，生态优先”相吻合。这也提醒我们可以从自然资本的角度来评价产业生态系统的发展环境。

3.2.2 基于系统学角度的相互作用分析

产业经济发展与生态环境保护代表了产业生态的全部内涵。但是，由于生态环境系统发展的根本目的不是为了产生经济效益，而产业经济系统发展的根本目的不是为了获取生态效益，所以可以从功能上对两个系统进行区分。作为开放系统，产业经济系统和生态环境系统有承受输出和允许输入的功能[170]，二者之间的作用不是单方面的，而是一种相互作用，并且会受到外部因素的影响。从系统科学的角度来看，产业经济系统和生态环境系统之间的相互作用是一种功能的耦合，是经济、生态、社会效益的耦合。产业经济系统与生态环境系统之间常见的相互作用类型包括以下四种（见图 3.1）。

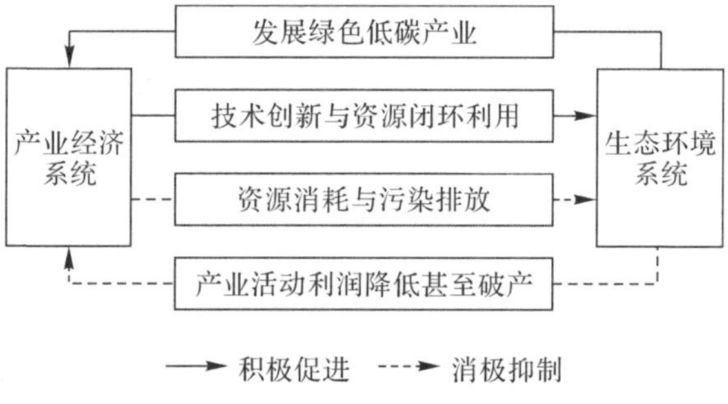

图 3.1 产业经济系统与生态环境系统间常见的相互作用

类型一：产业经济的发展可以促进生态环境的改善，生态环境的改善可促进产业经济的发展。在产业活动的强度未超过生态环境承载力时，产业经济发展为环境保护和资源利用提供技术和资金，促进生态环境系统的发展，同时，生态环境的改善也为产业经济的进一步发展提供了基础,产业经济系统与生态环境系统的发展形成了良性互动。

类型二:产业经济系统的发展在积累物质财富的同时,也会使人们的生态需求增加,从而推动生态环境系统的高质量发展。在倡导绿色生产和环境保护的社会背景下,较高的生产和排放标准导致一些传统产业利润降低,一些不符合生产标准的企业甚至破产倒闭,从而抑制了区域产业经济的发展。

类型三:产业活动所产生的废弃物都由生态环境系统所收容,当产业经济活动超越了生态环境的承载阈值时,便会对生态环境系统造成压力。如果这种超限的发展一直持续,就可能对生态环境造成不可逆的影响,减弱生态环境供给资本的能力,继而限制产业经济的发展,产业经济系统和生态环境系统互害竞争,形成恶性循环。

类型四:生态环境系统承受来自产业发展的压力,但通过传统产业转型或发展低碳产业,产业发展效率有所提升,促进了产业经济系统发展。

生态环境系统和产业经济系统在受到内外部因素影响下,会通过反馈调节机制实现平衡。但如果在人类干预下导致系统发展超过阈值,平衡速度无法匹配影响速度,便会产生生态与经济发展矛盾的现象,也就是说,环境问题来源于产业经济活动的反生态过程。因此,产业生态化就是将生态环境效益内化于产业发展的过程中,从而实现产业与环境的共生和协调。值得注意的是,生态环境压力是产业经济从追求量的增长向追求质量提升转变的内在推力,同时,产业经济系统的集约化发展可以优化资源配置,缓解生态压力,最终推动生态环境改善。因此,类型四和类型二可能是从类型三发展到类型一的过渡阶段。产业经济系统与生态环境系统之间的良性互动是产业生态化的根源和要求,是生态环境系统的社会效益、生态效益与产业经济系统的社会效益、经济效益的耦合。

基于产业经济系统与生态环境系统的效益耦合相互作用分析可以发现，产业生态系统发展的基础是自然资本；发展产生的效益是对立统一的；二者在发展中通过正向和负向反馈相互作用、相互关联。这些特征都与生态领域中的种间竞争很相似。按照 Odum[171] 关于种间作用的分类，产业经济系统与生态环境系统的相互作用类型一对应的是物种间的互利共生关系，类型二和类型四对应的是种间的单害关系，类型三对应的是两个物种之间的竞争互害关系。本书按照 LV 模型中的共生单元竞争系数 θ 和共生协调指数 C 的不同，对共生模式进行更加科学的划定（见图 3.2）。

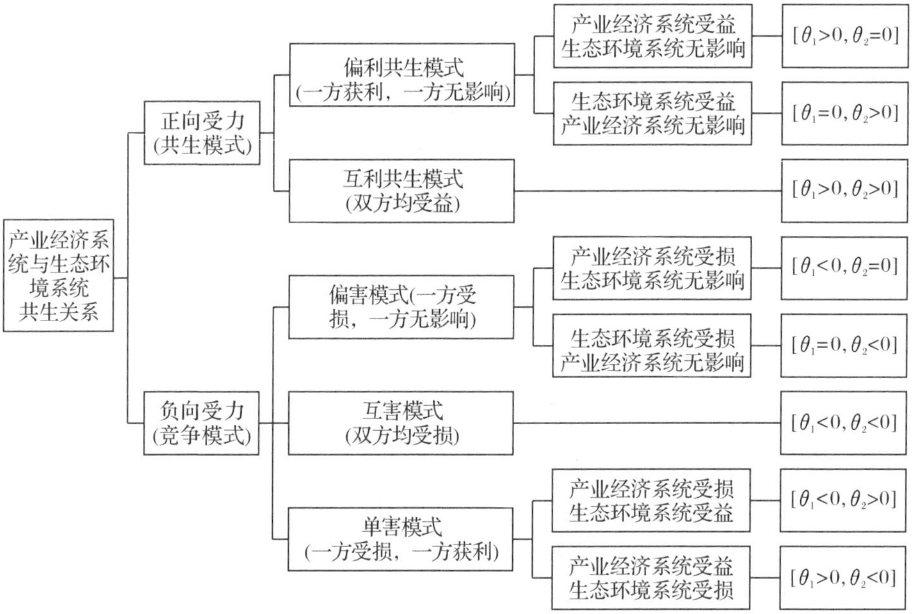

图 3.2　产业经济系统与生态环境系统共生关系的树状图

当受力系数有一个为正时，表明至少有一个共生单元获得正向的促进作用，并进一步可以分为互利共生和偏利共生。当受力系数有一个为负时，表明共生单元中至少有一个系统发展受到了限制，并进一步可以分为偏害、互害和单害。产业经济系统与生态环境系统的共生关系可以分为共生模式和竞争模式。

(1)共生模式:共生模式可以分为互利共生和偏利共生。互利共生模式下,产业经济系统与生态环境系统相互促进,共同成长,共生关系不断演化与发展,产生新的能量,这也是产业生态化所追求的最优模式。偏利共生可以区分为产业偏利和生态偏利两种类型。前者是在环境容量和资源承载量允许的状况下发展产业经济,不会影响生态环境质量。后者是指在生态环境质量较差的地区,即使生态环境质量有所提升,但是只要未达到一定的标准,则依然无法对产业经济产生影响。综上所述,偏利共生模式表现为能量分配集中在某一个共生单元上,而另一个单元不受影响。

(2)竞争模式:当产业经济系统和生态环境系统一方受到损害而另一方不受影响时,二者的关系属于偏害模式。当一方通过侵占另一方的生存容量来扩充自身容量时,二者的关系属于单害模式。当产业经济系统与生态环境系统互相抑制时,二者的共生关系为竞争互害模式,这种模式应该极力避免。

共生单元进入共生的适应、整合过程,首先通过功能与结构调节而互相适应,随后互相作用、产生能量,进而持续演进。产业生态化就是产业经济系统与生态环境系统之间从低级的互害竞争到高级的互利共生,再由互利共生发展到高级的偏利共生,随后达到更高级的互利共生的过程(见图3.3)。如果共生单元之间实现了良性循环,表明系统之间的相互抑制作用小于相互促进作用。从理论上来说,产业经济系统的理性和合理发展会为生态环境的稳定发展提供物质支持和激励,因而实现系统的互利共生与良性循环是完全可能的。

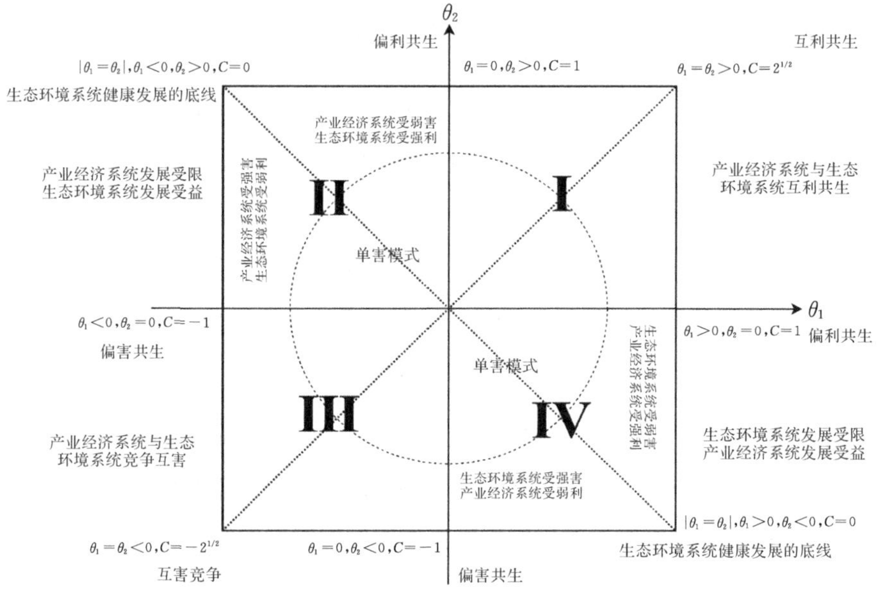

θ_1—产业经济系统的竞争系数；θ_2—生态环境系统的竞争系数；C—共生单元间的共生协调指数

图 3.3　产业经济系统与生态环境系统的共生演变

3.3　基于共生理论视角的产业生态系统评价框架

共生理论在产业经济和生态环境两个对象的研究中尚且不多，但在生态经济领域其他方面的研究较为充分，这为本书研究思路和研究方法的确定提供了诸多参考。共生理论在产业生态化研究中的应用可以系统、全面地明晰产业经济系统优化和生态环境效益提升之间相互作用的本质和过程。基于共生理论的视角开展产业生态系统评价是可行的，具体来看：

(1)研究理论的适用性。本书从系统科学的角度将产业经济系统和生态环境系统归入复杂的人地系统并基于共生理论开展产业生态化评价，是对产业经济系统和生态环境系统关系研究的进一步升华和丰富，是对产业生态化研究视角的突破和超越，也是对共生理论的扩充和丰富，具有理论和实践意义。

(2)研究目标的适用性。生态环境系统和产业经济系统具有现势性和动态性的特征，通过对产业经济系统改造而兼顾生态环境效益的过程与人地关系共生的内涵不谋而合、一脉相承，体现了一体化背景下人类发展的共同追求。

(3)研究过程的适用性。产业发展与环境质量的互动模式符合共生理论的设计，生态环境系统和产业经济系统作为共生系统的共生单元，通过正负反馈作用和因果作用形成结构和功能相互关联、相互耦合的共生关系。

因此，将共生理论应用在产业生态化的研究中是适用的。本章从系统学的角度出发，依据共生理论，提出产业生态系统的评价框架，以期对产业生态化的研究提供有效的理论支撑。

3.3.1 评价主体

共生单元、共生环境和共生模式同时影响着共生系统的动态演化规律。在共生环境中，产业经济系统和生态环境系统作为共生单元通过共生模式从事价值生产、价值交流和价值分配活动的过程，就是产业生态系统构建和发展的过程。在此过程中，共生系统的三要素均至关重要，组成了产业生态系统评价的核心内容。

1.共生单元

共生单元是构成共生体的基本能量生产和交换单位。产业生态系统共生体包括作为共生单元的产业经济系统和生态环境系统。生态环境系统是产业经济系统发展的自然基础，而产业经济系统是生态环境系统发展的物质保证。两个共生单元相互作用、相互交织而构成共生体。

高质量发展是新时代下推动经济发展的核心部署，而产业经济系统作为经济体系中的重要内容，是实现区域可持续发展的重要内容之一。结合高质量发展内涵和产业经济系统的核心内容，本书第 4 章详细论证了产业经济系统高质量发展评价框架的设计思路与指标选择。

生态环境系统包括影响人类发展的生态要素总和，不同于产业经济系统寻求增长或扩张的状态改变，生态环境系统强调系统应对危机、自我调节和保持稳定的水平。结合高质量发展内涵和生态环境系统的特点，本书第 5 章详细论证了构建生态环境系统“数量-结构-效率”的高质量发展评价框架的思路和指标选择。

2. 共生模式

共生单元间通过物质和能量流动产生能量并进行分配，形成了共生模式，共生模式的确定主要基于共生单元的发展指数来计算系统的受力指数和协调指数。考虑到 LV 模型的局限性，本书在第 6 章采用灰色 LV 模型来测算共生协调指数和系统受力指数以识别共生模式，不仅提高了计算精度，而且简化了计算流程。

3. 共生环境

在共生系统演进的过程中，人类可以通过培育共生环境来促进共生单元间的能量产生和能量交流。共生环境包括影响共生单元发展的所有外部环境、为共生系统提供介质的共生界面和共生单元所拥有的和可交换的共生基质。共生基质表征了共生单元所拥有的能力和资源，共生界面是共生单元互动和交流的通道和载体。对于几字弯地区产业生态系统而言，共生环境为几字弯流域内所有社会、经济和自然生态环境的总和，其可持续水平影响着共生单元的高质量发展和共生模式的演化。由于自然资本是产业经济系统和生态环境系统发展和交流的核心要素，因此本书拟从自然资本的角度来评价区域共生环境的可持续发展水平。

3.3.2　评价维度

产业生态化不是构建和创造新的产业经济系统或生态环境系统，而是要在遵循发展规律的基础上，通过制定科学合理的发展规划来优化发展环境、改善产业生态系统发展质量，并促进子系统的互利共生。现有研究要么片面地强调产业经济质量提升，要么注重生态过程的修复、保护和预警等，并没有将产业生态系统结构和功能结合起来综合考虑产业生态化。考虑到产业生态系统结构与功能相互联系、相互促进、相互影响的关系，本书针对产业生态化的评价从复合系统的结构维度和功能维度分别展开。

1. 产业生态系统的结构维度

系统的结构是指系统各要素之间相互联系、作用的方式，是系统的基本属性。产业生态化追求产业生态系统与区域社会-经济-生态环境耦合协调发展，对于产业生态系统而言，其强调共生体的发展状态和速度是否与共生环境的发展状态与速度相匹配。由于产业经济系统具有动态性的特点，因此，产业生态系统在时间上保持着一个动态变化的稳定过程，具有复杂性和多样性的特点。

2. 产业生态系统的功能维度

系统的功能是指复合系统的性质、过程和具有的作用、行为、能力和功效等，是系统的基本属性。产业生态系统的功能包括产业经济系统和生态环境系统的功能，以及二者之间的互动功能。产业生态化寻求产业生态系统的高质量发展及子系统的协同进化、相互依存。对于产业生态系统而言，产业经济系统与生态环境系统的各要素组织在一起，通过物质循环、能量流动与信息传递实现反馈功能、生产功能和承载功能。共生体的质量越好，共生关系越和谐，越有利于系统功能的实现，也就是说，产业生态系统功能的成熟水平是由共生体的发展质量和共生模式决定的。

3. **结构与功能的辩证关系**

要素与结构是发挥系统功能的根据和基础。系统的功能不能离开系统结构而独立存在，一定的结构表现一定的功能，一定的功能总是由一定的系统结构产生的。结构是功能的基础，功能依赖于系统的结构。产业生态系统的结构与功能相互依存。产业生态化需要综合考虑复合系统的结构有序水平和功能成熟水平。

3.3.3 评价框架

基于现有研究的不足，本书在揭示产业生态系统共生内涵的基础上，遵循“研究理论、研究方法和研究方案”的逻辑，采用科学的评价框架、指标体系和合理的模型对复合系统的功能和结构表现展开充分的评价，以期扩展有关区域产业生态化的理论研究、方法研究和实践研究，为系统地掌握产业生态发展水平提供方法与路径。

具体来看，首先，本书从系统科学的研究机理出发，找出产业经济系统与生态环境系统相互作用、良性互动的机制。其次，从经济学和生态学及其派生出的共生理论的角度，找出产业经济与生态环境竞争与合作的生态学机理。参照共生系统的构成，本书构建的产业生态系统的评价主体包括共生单元、共生模式和共生环境三部分。最重要的是，本书利用系统方法和科学模型分别对复合系统的共生单元的高质量发育水平、共生模式类型和共生环境可持续水平进行评价，继而构建由共生单元和共生模式决定的成熟度指标以及由共生单元和共生环境决定的有序度指标。综上所述，本书从复合系统功能的成熟维度和结构的有序维度来确定区域产业生态化水平（见图 3.4）。

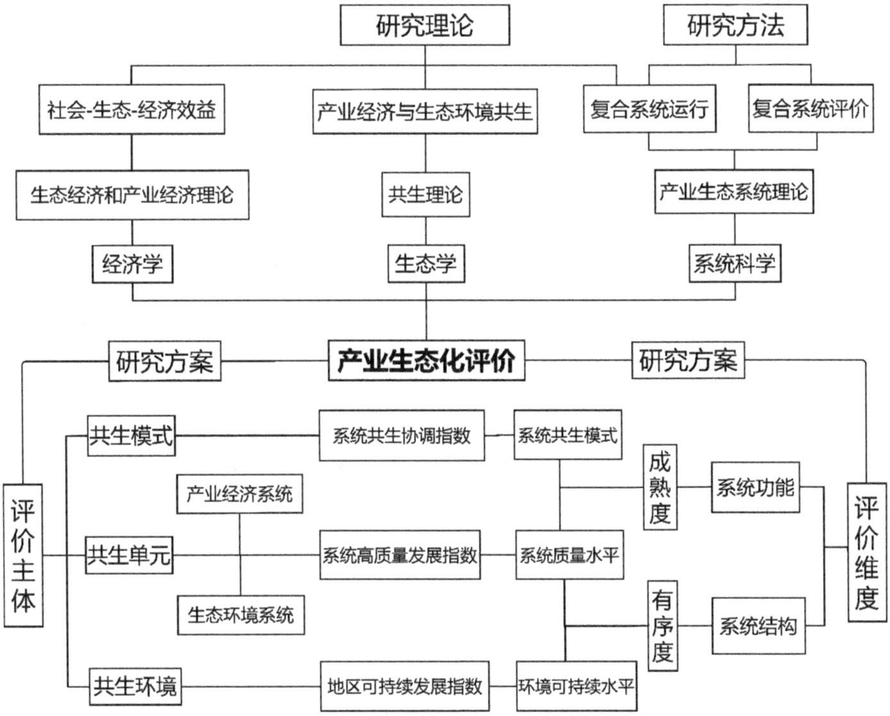

图 3.4　产业生态化的评价框架

3.4　本章小结

本章从系统科学的角度出发，基于研究对象的理论基础-研究方法-研究方案，提出一套基于共生理论的产业生态系统评价框架。这一研究框架是在厘清相关理论和方法，详细论证系统特征、发展逻辑和共生机理的基础上构建起来的，为产业生态系统的研究提供了一种新的研究视角。

第4章

产业经济系统高质量发展评价

本章以高质量发展的内涵作为切入点，构建区域产业经济系统发展评价框架，分别从产业发展驱动力、产业发展质量、产业发展效率和产业发展环境四个维度展开。产业经济系统发展质量的评估是认识系统内部规律、实现产业升级、提高产业竞争力的重要途径，同时也是我国产业未来发展的客观要求。

4.1 产业经济系统高质量发展评价框架

高质量发展已成为新时代推动经济发展的重要战略部署[3,172]，产业经济系统的高质量发展是经济高质量发展的重要内容，是构建现代化产业体系的有力支撑，是现代经济的发展要求[173-174]。不同的学者从不同的角度来理解产业经济系统高质量发展的内涵。例如，柳天恩和武义青[175]认为，产业经济系统高质量发展的判断标准是发展路径的可行性，并应相应地形成可行的发展理念、发展目标、发展动力和运行机制。李英杰和韩平[176]认为产业经济的高质量发展包括发展质量优化、活动运行合理，以及产业效率提高三个内涵。余泳泽等[177]认为产业经济高质量发展不仅要强调产业发展规模和产业结构的合理性，还要强调新发展理念指导下的经济、环境和社会效益。涂圣伟[178]则从供给结构、生产效率、价值创造三个方面提出产业经济高质量发展的评价框架。刘璟[179]认为产业经济高质量的核心是创新引起的经济增长方式的改变，包括集群升级、竞争力提升、结构优化和经济增长等内涵。付晨玉和杨艳琳[180]则认为产业经济对人们需求的满足程度是判断高质量发展的基本准则。

作为实体经济发展的重心和主体，产业经济发展是经济发展内在逻辑的外化，其内涵和外延处于变化与发展中。目前关于产业经济高质量发展的文献多为定性研究，侧重于解释高质量发展的内涵。

对产业发展质量的定量研究主要集中在特定产业发展的某一方面，如制造业[181]、农业[182]、物流业[183]、服务业[184]和旅游业[185]的生产效率、产业结构、产业竞争力、产业空间布局等。根据学者们对产业高质量发展内涵的解读可知，任何单一指标都无法反映这一概念的多维特征。因此，有必要建立一个全面的、综合的产业经济系统高质量发展评价体系，来衡量产业经济发展状况并实施相应的政策。

与经济高速发展不同，高质量发展放弃了对经济增长的单纯追求，强调以质量为先导，以效率为基础，以创新为动力，实现质与量的双重增长[186]。发展动力、发展效率和发展质量的改革，不仅促进了产业经济向新模式的转变，也明确了产业经济系统高质量发展的路径。产业发展动能是指刺激产业扩张和产业结构优化升级的动力[187]。产业经济系统高质量发展不应仅仅依靠资源投入，而是要强调根植型动力和创新型动力的共同作用，这是实现产业经济系统高质量发展的基础。在粗放型增长方式的影响下，产业经济发展效率反映了产业竞争力。产业应通过提高单要素生产率和全要素生产率(TFP)来实现集约化发展[188]。在产业发展的初级阶段，资源投入起着重要作用，而在中级和高级阶段，技术效率是产业高质量发展的关键。高质量和高效率是相辅相成的，产业要素的优化配置是高质量发展的核心，它贯穿于产业高质量发展的全过程。产业质量改革是产业发展重心从追求产出增长转变为统筹考虑产业结构调整和产业布局优化的过程，是产业高质量发展的主旨。产业结构调整带来的劳动力转移和要素配置有利于经济发展质量的提高[189]。产业高质量发展与产业结构之间有动态均衡和结构红利的关系，体现在产业结构高级化和合理化上[190]。产业布局可从产业专业化、产业多样化、产业区位度三个维度进行评价。Marshall[191]认为，产业专业化可以加速知识溢出，通过竞争、模仿和资源迁移促进产业增长。有效的产业关联网络是区域产业高质量发展的必要条件。研究不同城市的区位特征和城市间的产业关联，不仅对理解经济地理学的核心命题“区位与空间”在经济活动中的作用具有重要的理论意义，而且对区域发展和规划也有很大的实用价值[192]。

经济环境的稳定是构成产业经济高质量发展内涵的重要维度，保持经济强劲增长是高质量发展的前提条件。相反，过度的经济波动不利于提高经济运行的效率[193]。产业经济发展的不平衡性也需要得到正视。社会福利的共享是指产业发展的成果由全体公民共享，经济增长的最终目标是改善民生[194]。忽视社会环境的和谐会导致国内需求不足、贫富两极分化、人力资本投资不足，甚至可能破坏社会稳定。稳定的经济环境和和谐的社会环境是产业高质量发展的基本保障。

在现有研究的基础上，本书提出在稳定的社会和经济环境下，产业经济系统高质量发展主要表现为效率提高、质量提升和新动能培育。本书根据“发展基础—发展核心—发展主旨—发展保障”的逻辑，设计了包括“三支点、一保障”的四维评价框架(见图 4.1)。具体来说，第一个支点是作为产业经济高质量发展基础的产业动能培育，高质量发展的推进不能仅仅依靠资源投入，要依靠根基动力和创新动力的共同作用。第二个支点是作为产业经济高质量发展主体的产业效率提升，第三个支点是作为产业经济高质量发展主体的产业质量提升，强调对产业结构和产业布局的整体考虑。“一保障”是可靠的环境，产业经济环境的稳定是以质量为导向的增长的前提，产业发展成果的共享是促进高质量发展和避免社会动荡的保证。

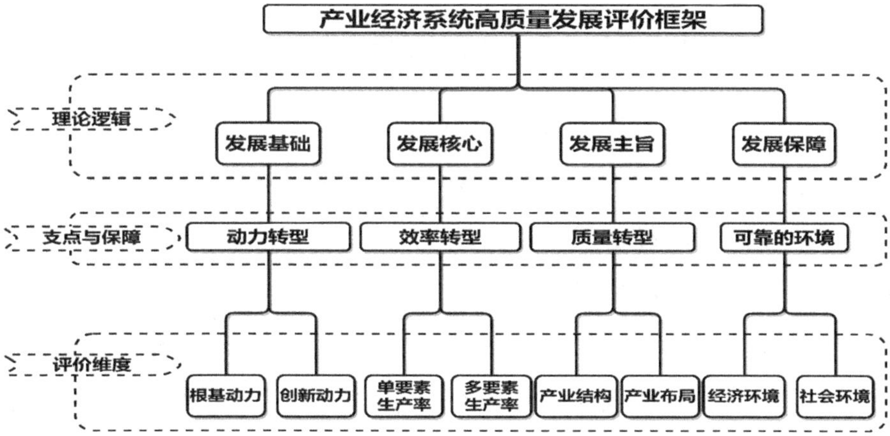

图 4.1　产业经济系统高质量发展评价框架

4.2　产业经济系统高质量发展评价模型与指标

产业经济系统实现高质量发展的过程，是产业经济系统从低附加值和低劳动成本向知识密集型和高附加值型转变的过程，是依赖投资拉动升级转变为依赖消费和投资共同作用的过程，也是发展驱动从外延型增长转变为内涵型增长的过程。产业经济系统高质量发展评价体系的建立是实现这一转型的基础。

4.2.1　产业经济系统发展动力指标

产业经济系统的发展动力是由根基型动力和创新型动力组成。前者可以通过国内生产总值的年均增长率和人均国内生产总值表示，后者包括技术创新和制度创新。制度创新可以采用收入分配的市场化率，即不包括国有单位和城镇集体单位的工资占总工资的比例来表示[187]。技术创新有两种方式：自主研究和技术引进。本书选用研发投入占国内生产总值（GDP）的比例来衡量自主研发能力，技术引进水平采用外商直接投资占全社会固定资产投资的比例来表征[195]。

4.2.2 产业经济系统发展效率指标

产业经济系统发展效率的评价可以从劳动生产率、资本生产率、能源效率和全要素生产率(TFP)四个方面展开。劳动生产率反映了单位劳动力创造的经济价值,本书采用GDP与全社会从业人员数量的比率来表示。资本生产率反映了单位资本投入所创造的经济产出率,本书采用GDP与社会固定资产投资(存量)的比率表示。能源效率表征了单位能源消耗所产生的经济价值,本书采用GDP与能源消耗总量的比率表示。全要素生产率表征了生产创新、组织创新和技术进步的投入对经济产出的影响[196],本书选择Malmquist指数来计算规模收益不变条件下的全要素生产率。Malmquist指数可以分解为技术进步变化(Techch)和技术效率变化(Effch)的乘积,其中Techch代表了工艺改进和技术创新水平,Effch代表了规模和结构的变化,可以分解为规模效率变化(Sech)和纯技术效率变化(Pech)的乘积[197]。由于Malmquist指数表征的是数量的变化水平,而不是绝对数量,所以本书参照徐海平和王岳龙[198]的方法同时计算Malmquist指数的累积变化率。

4.2.3 产业经济系统发展质量指标

产业经济系统从数量增长导向到质量提升导向的转型是产业经济发展的结构性演进过程,其终极目的是摆脱对自然资本的依赖、侵占和过度消耗,从而带动区域全面转型,实现社会、经济、生态效益的统一和协调发展。本书定义产业经济系统的高质量发展主要包括产业结构和产业布局的转型,前者包括以产业结构合理化和产业结构升级为代表的结构调整,后者强调以产业多元化、产业专业化和产业区位度提升为代表的产业布局优化。

本书选取第三产业与第二产业的比值来代表产业结构的高级化水平[199]，采用泰尔指数来衡量产业结构的合理性水平[200-201]。相关计算见公式(4.1)。

$$\mathrm{TL}=\sum_{i=1}^{n}\left(\frac{Y_i}{Y}\right)\ln\left(\frac{Y_i}{L_i}/\frac{Y}{L}\right) \tag{4.1}$$

其中，TL 代表产业结构偏离程度；Y_i代表第 i 个产业的增加值；Y 代表 GDP；L_i代表从事第 i 个产业的劳动力数量；L 代表劳动力的总和；n 表示产业部门的数量。TL 越小，产业结构就越合理。

本书通过计算区域产业专业化指数、产业多样化指数和产业区位度来评价产业经济系统空间布局的合理性。其中，本书用制造业的区位熵指数来表征产业的专业化水平[202]。相关计算见公式(4.2)。

$$\mathrm{LQ}=\frac{I_{ic}/I_{ia}}{L_c/L_a} \tag{4.2}$$

其中，LQ 代表产业专业化指数；I_{ic}是第 i 个城市的制造业从业人员数；I_{ia}是第 i 个城市的所有从业人员数；L_c是全国制造业从业人数；L_a是全国的总就业人数。LQ 值越高，说明制造业的专业化水平越高。

本书参考李金滟和宋德勇[203]提出的产业多样化指数来衡量产业多元化水平，计算公式见(4.3)。

$$\mathrm{DI}=1/\sum\left|I_{ij}-L_j\right| \tag{4.3}$$

其中，DI 代表产业多样化指数；I_{ij}是 j 产业的就业人数占 i 城市总就业人数的份额；L_j是 j 产业就业人数占全国总就业人数的份额。DI 越小，产业多样化程度越低。本书的产业根据 2017 年实施的标准《国民经济行业分类》(GB/T 4754—2017)进行分类，具体包括："①农、林、牧、渔业；②采矿业；③制造业；④电力、热力、燃气及水生产和供应业；⑤建筑业；⑥批发和零售业；⑦交通运输、仓储和邮政业；⑧住宿和餐饮业；⑨信息传输、软件和信息技术服务业；⑩金融业；⑪房地产业；⑫租赁和商务服务业；⑬科学研究和技术服务业；⑭水利、环境和公共设施管理业；⑮居民服务、修理和其他服务业；⑯教育；⑰卫生和社会工作；⑱文化、体育和娱乐业；⑲公共管理、社会保障和社会组织；⑳国际组织”。

本书利用修正后的引力模型来计算城市之间的产业经济系统的关联强度和产业区位度指数[192,204]，相关计算见公式(4.4)～(4.6)。

$$T_{ij} = W\frac{\sqrt{P_iG_i} \times \sqrt{P_jG_j}}{D_{ij}^b} \tag{4.4}$$

$$D_{ij} = S_{ij} \times \frac{F_{ij}}{t_{ij}} \tag{4.5}$$

$$\mathrm{LI}_i = \sum_{j=1}^{n} T_{ij} / \sum_{i=1}^{n}\sum_{j=1}^{n} T_{ij} \tag{4.6}$$

其中，LI_i代表i城市的产业区位指数；T_{ij}代表i城市与j城市的产业关联度；P_i和P_j分别表示i城市与j城市的第二产业和第三产业的就业人口；G_i和G_j分别代表第二产业和第三产业的增加值；W是经验常数，这里取1；b是距离系数，这里取2；D_{ij}是城市间的时间距离，以往的研究通常采用城际铁路的里程数来表征城市间的空间距离，这很难解释城市间因交通基础设施升级而产生的经济联系，因此，本书引入时间距离来修正空间距离，见公式(4.5)，其中S_{ij}代表通过公路交通将城市i与城市j连通起来耗时最短的路线的距离，F_{ij}是所需时间，t_{ij}是通过最短的距离将城市i与城市j连接起来所需的时间。

4.2.4 产业经济系统发展环境指标

产业经济系统发展环境包括稳定的经济环境和和谐的社会环境[56]。稳定的经济环境是指经济体系保持稳定运行，通货膨胀、就业波动和经济波动保持在合理范围内，其中，消费者价格指数和失业率可以分别用来表征通货膨胀率和就业波动情况，当年 GDP 增长率相对于上年 GDP 增长率的波动程度可以反映经济增长波动水平。产业经济发展的成果由全体公民共享，并且可以推动产业经济系统的转型。本书从发展福利水平和发展成果共享两个方面对社会环境展开评价，前者通过人均受教育年限、每万人医疗人员数量和人均公路里程来衡量，后者以 GDP 的基尼系数和城乡居民收入比来衡量。

4.3 产业经济系统高质量发展指数与障碍因子识别

本书采用多目标决策分析中的熵权 TOPSIS 方法来计算产业经济系统高质量发展综合指数[11]，具体计算步骤如下。

第 1 步：构建归一化矩阵。

$$\{Z_{ij}\}_{m\times n} = \{w_{ij}x_{ij}\}_{m\times n} \tag{4.7}$$

其中，w_{ij} 是用熵权法计算的 i 年中 j 指标的权重；x_{ij} 是该指标的无量纲值。

第 2 步：确定正理想解 Z^+ 和负理想解 Z^-。

$$Z_i^+ = \{\max Z_{ij} \mid i = 1,2,\cdots,m\} \tag{4.8}$$

$$Z_i^- = \{\min Z_{ij} \mid i = 1,2,\cdots,m\} \tag{4.9}$$

第 3 步：测量每个指标与正、负理想解的距离。

$$S_i^+ = \sqrt{\sum_{j=1}^{n} (Z_{ij} - Z_i^+)^2} \tag{4.10}$$

$$S_i^- = \sqrt{\sum_{j=1}^{n} (Z_{ij} - Z_i^-)^2} \tag{4.11}$$

第 4 步：各指标与理想方案的相对接近程度定义为

$$T_j = (S_i^-)/(S_i^+ + S_i^-) \tag{4.12}$$

其中，T_j代表评价指标与最优解的接近程度，在此代表产业经济系统高质量发展综合指数，其数值范围为[0,1]。该值越大，产业经济系统的发展质量越高。

本书选择障碍识别模型来识别产业经济系统高质量发展的障碍因子和障碍水平[205-206]，计算公式见(4.13)和(4.14)。

$$U_{ij} = 1 - x_{ij} \tag{4.13}$$

$$O_j = \frac{U_{ij}G_j}{\sum_{j=1}^{n} U_{ij}G_j} \tag{4.14}$$

其中，U_{ij} 为指标与最优值之间的偏差；G_j 为因子贡献度；O_j 为因子的障碍度，表示单一指标对产业经济系统高质量发展水平的影响程度。

4.4　黄河几字弯地区的产业经济系统高质量发展表现

4.4.1　产业经济系统发展动力表现

2005—2019 年，几字弯地区各城市的研发支出占 GDP 比重、工资分配市场化率、人均 GDP 均呈上升趋势，而外国直接投资(FDI)占固定资产投资比重和 GDP 增长率均呈下降趋势。产业经济系统发展动力的年际变化并不明显，这可能是由于制度创新和科技创新的路径依赖特征。从空间分布上看，几字弯地区产业经济系统发展动力的综合表现差异显著，几字弯地区西北部的内蒙古大部分城市和太原、银川两个省会城市的转型动力表现优异，忻州、大同、朔州、榆林、临汾、延安等典型的资源型城市转型动力较低(见图 4.2)。

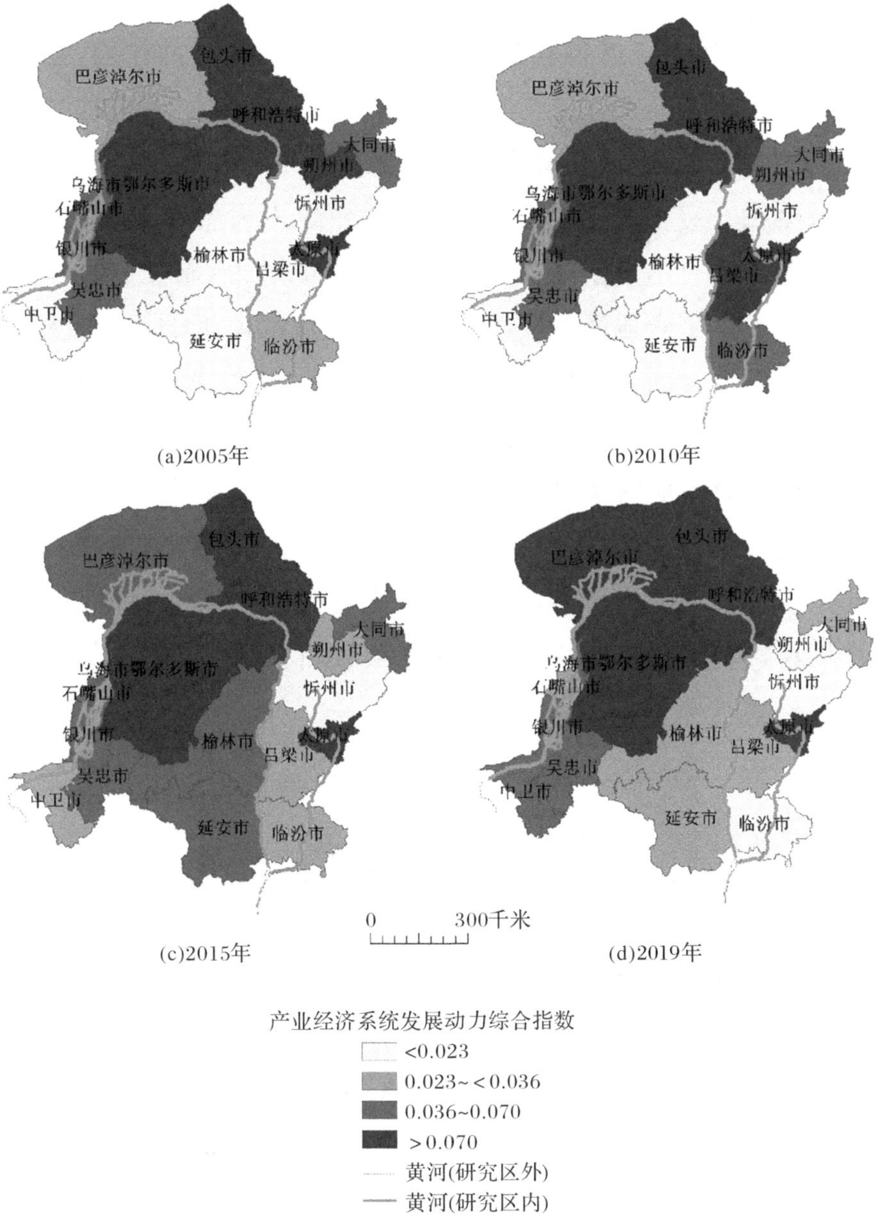

图 4.2　黄河几字弯地区产业经济系统发展动力的时空分异

尽管几字弯地区长期依赖技术引进和成本要素投入实现了产业规模扩张，但由于既得利益、规模经济和沉淀成本的作用，也使得企业缺少技术创新活动，产业行为短期化，生产效率无法提高。这与安树伟和李瑞鹏[52]的研究结果一致，即一个城市的资源型产业的繁荣会在一定程度上抑制创新活动，导致人力资源储备不足，创新意愿不强。技术创新是产业转型的内在驱动力，制度创新是外在的拉动力。几字弯地区的资源型城市是发展战略下的历史产物，与政策相伴而生。同时，该地区长期以来实施的以“选马”为特征的产业政策也会导致一些强势产业产生政策依赖。在经济新常态下，几字弯地区各级政府需要贯彻五大发展理念（创新、协调、绿色、开放、共享），转换新旧动能，将“政策性负担”从企业中剥离出来，同时，对于转型动力较弱的资源型城市，可以通过构建创新驱动机制、依靠制度创新机制、设计政策激励机制来摆脱路径依赖，提升产业转型动能[207]。

4.4.2 产业经济系统发展效率表现

在研究期间，几字弯地区的17个城市几乎都经历了单因素生产率的增长。区域全要素生产率（tfpch）的年均增长率为11.2%，其中技术进步（techch）的增长率也为11.2%，纯技术效率（pech）和规模效率（sech）的年均增长率分别为−0.1%和0.2%（见表4.1）。也就是说，区域全要素生产率的增长主要来源于技术进步的贡献，而要素配置效率和利用效率的贡献并不明显。2010年之前，全要素生产率的增长势头最为明显，增长率均超过10%。

2008年以前，地区经济体制改革的推进促使几字弯地区的技术进步变化长期保持正增长，但是规模效率损失明显，连续多年呈负增长趋势。2008年以后，为应对全球金融危机影响，几字弯地区在实施了一系列的政策刺激投资的同时，加剧了生产要素的不平衡分布，产能过剩进一步凸显，导致技术进步和全要素生产率增长放缓。

表 4.1　2005—2019 年黄河几字弯地区全要素生产率及其分解指标

年份	effch	techch	pech	sech	tfpch
2005	1.000	1.000	1.000	1.000	1.000
2006	0.983	1.190	0.988	0.995	1.170
2007	0.984	1.169	1.007	0.977	1.150
2008	0.986	1.178	0.996	0.990	1.162
2009	0.981	1.126	0.973	1.008	1.105
2010	0.991	1.166	1.003	0.988	1.156
2011	1.002	1.093	1.005	0.997	1.095
2012	1.014	1.078	1.008	1.006	1.093
2013	0.984	1.114	0.988	0.996	1.096
2014	1.026	1.056	0.993	1.033	1.084
2015	1.034	1.096	1.021	1.012	1.133
2016	1.002	1.080	1.003	0.999	1.082
2017	1.006	1.060	0.999	1.006	1.066
2018	1.009	1.078	0.998	1.011	1.088
2019	1.009	1.082	1.005	1.004	1.092
平均	1.001	1.112	0.999	1.002	1.112

从空间分异的角度看，几字弯地区内所有城市的全要素生产率增长率都大于 1(见表 4.2)，所有城市的技术进步在研究期间也都呈正增长。纯技术效率和规模效率年均增长率均为正向的城市有鄂尔多斯、呼和浩特、乌海、吴忠、中卫、延安和榆林，而其他大多数城市则出现了效率损失，拉低了区域整体的全要素生产率增长率。全要素生产率最高的城市为乌海，年均增长率为 18.4%，这可能要归功于乌海经济开发区的建设，将全市 95%以上的工业企业布局在此，为“现

代化、基地化、大型化”新型工业经济发展模式奠定了基础，在吸引资金和技术的同时，提高了区域创新能力[208]。

本书同样计算了几字弯地区全要素累计生产率及其分解指标。2005—2019 年，几字弯地区全要素生产率的累计增长率为 379%，其中技术进步的累计增长率为 373%，纯技术效率和规模效率几乎没变化。虽然技术进步保持了良好的增长势头，促进了全要素生产率的持续增长，但要素配置效率和要素使用效率的停滞大大阻碍了全要素生产率的提高（见表 4.3）。因此，在当前的经济转型阶段，几字弯地区的发展还需完善市场机制，通过制度创新释放体制改革的红利。

表 4.2　2005—2019 年黄河几字弯地区各城市的平均全要素生产率及其分解指标

城市	effch	techch	pech	sech	tfpch
巴彦淖尔	1.019	1.106	1.020	0.999	1.127
包头	0.989	1.137	0.981	1.009	1.125
鄂尔多斯	1.000	1.111	1.000	1.000	1.111
呼和浩特	1.024	1.085	1.017	1.007	1.111
乌海	1.003	1.180	1.000	1.003	1.184
石嘴山	0.985	1.157	1.000	0.985	1.140
吴忠	1.017	1.115	1.003	1.014	1.135
银川	0.983	1.115	0.976	1.007	1.096
中卫	1.011	1.114	1.000	1.011	1.126
大同	0.995	1.113	0.994	1.001	1.108
临汾	0.987	1.116	0.994	0.993	1.102
吕梁	0.998	1.043	1.000	0.998	1.041
朔州	0.999	1.117	1.000	0.999	1.116
太原	0.989	1.108	0.993	0.995	1.095
忻州	0.997	1.119	1.000	0.998	1.116
延安	1.000	1.039	1.000	1.000	1.039
榆林	1.017	1.120	1.008	1.008	1.138

表 4.3　2005—2019 年黄河几字弯地区累计全要素生产率及其分解指标

年份	累计 effch	累计 techch	累计 pech	累计 sech	累计 tfpch
2005	1.00	1.00	1.00	1.00	1.00
2006	0.98	1.19	0.99	1.00	1.17
2007	0.97	1.40	1.00	0.97	1.35
2008	0.96	1.65	1.00	0.97	1.57
2009	0.94	1.89	0.97	0.98	1.75
2010	0.94	2.21	0.98	0.96	2.03
2011	0.94	2.44	0.98	0.96	2.25
2012	0.95	2.65	0.99	0.97	2.49
2013	0.94	2.97	0.98	0.96	2.73
2014	0.96	3.16	0.97	0.99	2.98
2015	1.00	3.48	0.99	1.01	3.39
2016	1.00	3.77	1.00	1.01	3.68
2017	1.01	4.04	1.00	1.01	3.97
2018	1.02	4.37	0.99	1.02	4.36
2019	1.02	4.73	1.00	1.03	4.79

4.4.3　产业经济系统发展质量表现

通过计算第三产业与第二产业的比值以及产业结构偏离指数，本书得到了几字弯地区 17 个城市的产业结构高级化指数和产业结构合理化指数。研究显示，2005—2019 年，几字弯地区产业结构泰尔指数整体呈现波动中下降的趋势，产业结构高级化指数总体呈上升趋势，表明几字弯地区产业结构向合理化、高级化转变（见图 4.3）。从空间分异格局来看，几字弯地区内各城市的产业结构综合表现差异显著，空间分化格局相对稳定（见图 4.4）。地区内省会城市的泰尔指数较小、产业高级化指数较大，省会城市的产业结构综合表现较好，而资源型城市，如榆林、延安、临汾、吕梁等的产业结构综合表现较差。

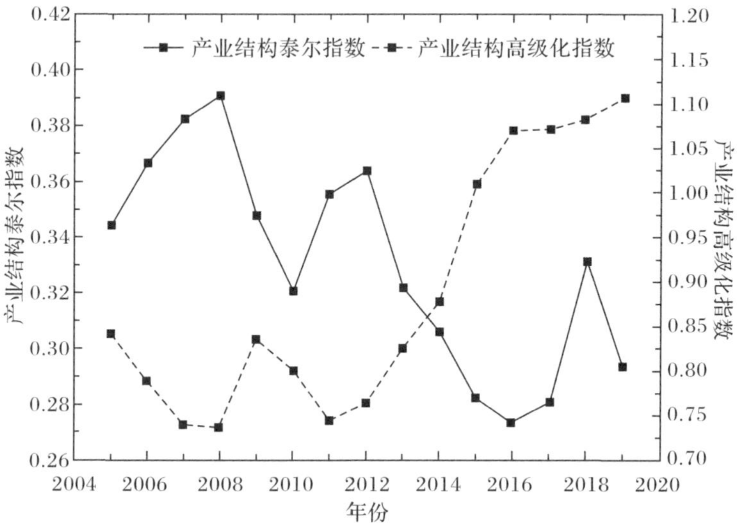

图 4.3　2005—2019 年黄河几字弯地区产业合理化和产业高级化指数发展轨迹

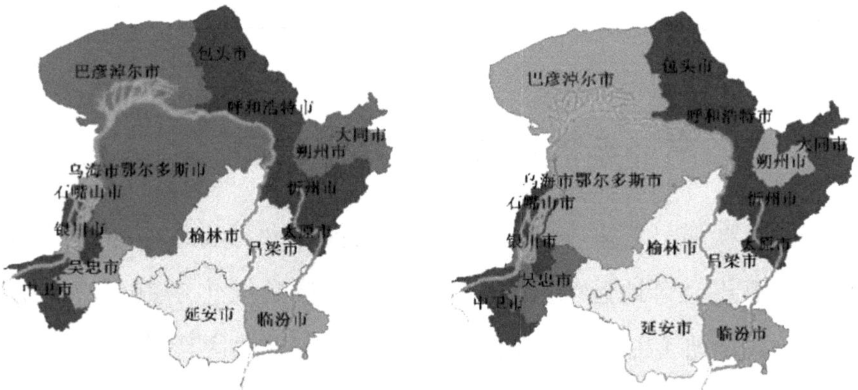

(a)2005年　　　　(b)2010年

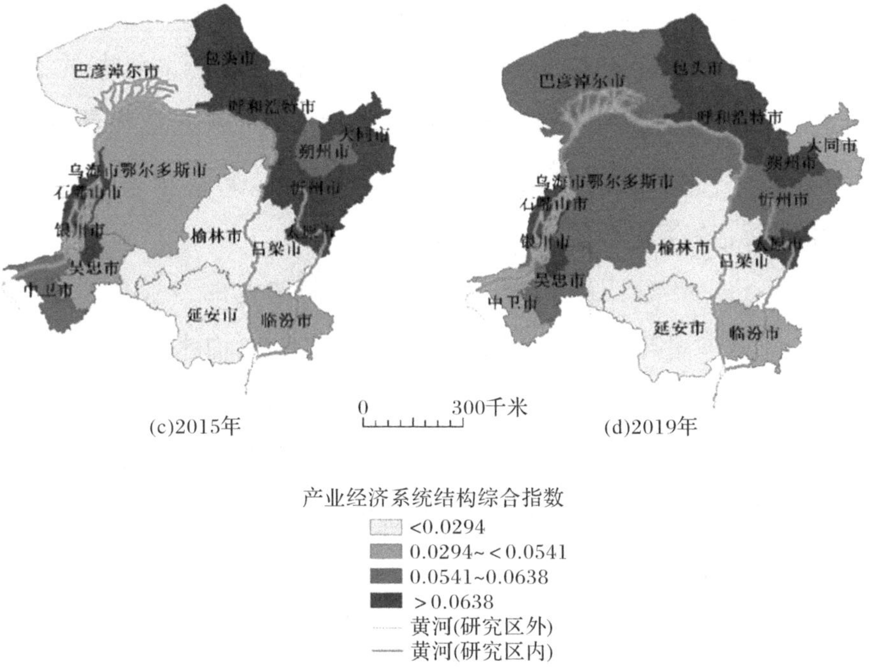

图 4.4　黄河几字弯地区产业经济系统结构水平的时空分异

产业空间集聚是整合生产要素、发挥正外部性、促进区域经济发展的重要途径。通常情况下，采掘业的专业化水平可以表征地区发展对资源型产业的依赖程度。几字弯地区各省份采掘业的区位熵值相对较高，并且呈现上升趋势，表明采掘业是区域经济发展的亮点，矿产开采和加工是几字弯地区的主导产业。资源型城市可以被定义为成长型、成熟型、衰退型和再生型 4 种类型[209]。几字弯地区的成长型资源城市有鄂尔多斯、朔州、延安和榆林；成熟型资源城市有大同、临汾、吕梁和忻州；衰退型资源城市有乌海和石嘴山；再生型资源城市有包头。2005—2019 年，几字弯地区成熟型和成长型资源城市的采掘业专业化水平增长明显，而衰退型和再生型资源城市的采掘业专业化水平波动较大且增幅不明显。

本书选择制造业而不是采掘业的区位熵来表征产业专业化水平，有以下两个原因。首先，作为一个资源型城市密集分布的区域，几字弯地区采掘业的区位熵与城市类型相关，而制造业能更加公正地反映城市产业发展的专业化水平。其次，与采掘业相比，制造业的流动性更强、更容易受到外部因素的影响。

根据公式(4.2)计算发现，几字弯地区制造业的专业化水平整体并不突出，总体呈现下降的趋势。从各城市的平均水平来看，包头、石嘴山和太原是仅有的区位熵超过1的城市(见表4.4)，这可能与资源型产业的"挤出效应"有关，生产要素从生产规模递增的制造业部门向资源部门流动。从资源型城市类型来看，专业化水平整体表现为成长型资源城市＜成熟型资源城市＜衰退型资源城市＜再生型资源城市，这与地区各城市采掘业的专业化表现呈现相反的趋势，同时，成长型资源城市的采掘业专业化水平和增幅明显优于其制造业。这一结论进一步验证了几字弯地区整体以资源型产业为主导的产业体系，导致了资源型产业与非资源型产业的结构失衡。因此，在不断挖掘传统产业潜力的基础上，资源型城市应加快建立和培育新的主导产业。

表 4.4 特定年份黄河几字弯地区各城市制造业和采掘业的区位熵

城市	2005年		2010年		2015年		2019年	
	制造业	采掘业	制造业	采掘业	制造业	采掘业	制造业	采掘业
巴彦淖尔	0.51	0.52	0.37	0.68	0.26	0.29	0.15	0.25
包头	1.74	0.77	1.39	0.68	1.26	0.78	1.08	1.47
鄂尔多斯	0.77	3.32	0.61	4.09	0.58	1.20	0.58	7.79
呼和浩特	0.81	0.03	0.67	0.01	0.48	0.02	0.54	0.01
乌海	0.89	6.07	0.49	6.83	1.27	0.28	0.63	7.56
石嘴山	1.32	0.16	1.29	0.97	1.15	0.50	1.02	0.25

续表

城市	2005 年		2010 年		2015 年		2019 年	
	制造业	采掘业	制造业	采掘业	制造业	采掘业	制造业	采掘业
吴忠	0.75	0.05	0.71	0.03	0.74	0.21	0.78	0.06
银川	0.58	4.06	0.56	3.98	0.38	1.34	0.59	6.41
中卫	0.68	0.22	0.60	0.00	0.51	0.00	0.30	0.00
大同	0.51	6.94	0.33	7.82	0.38	11.42	0.44	11.76
临汾	0.66	2.80	0.57	2.74	0.40	5.68	0.34	7.70
吕梁	0.61	2.76	0.61	4.81	0.60	8.49	0.53	11.02
朔州	0.32	5.97	0.27	5.04	0.20	8.59	0.26	12.05
太原	1.01	2.23	1.05	2.30	0.66	2.97	0.78	3.28
忻州	0.46	1.86	0.29	2.70	0.21	4.26	0.18	6.57
延安	0.21	4.58	0.16	6.39	0.27	7.93	0.41	9.10
榆林	0.23	1.63	0.19	3.39	0.51	5.90	0.63	7.69
平均	0.71	2.59	0.60	3.09	0.58	3.52	0.54	5.47

根据公式(4.3)，本研究计算了几字弯地区各城市的产业多样化指数，见表 4.5。由表 4.5 可知，各城市的产业多元化水平差异显著，同构化特征明显。内蒙古自治区产业多样化水平整体较高，陕北的多样化水平较低。省会城市的产业多样化水平明显高于普通城市，这与谢燮和杨开忠[210]的结论一致。城市和城市群之间没有形成合理的产业分工和特色产业集群，平行竞争和产业同构违背了地域分工的规律，会造成互补不足和过度竞争。尽管几字弯地区在新兴产业培育中已经投入了大量的人才资本，但大多为应急性措施，持续性和系统性不够。

表 4.5 2005—2019 年黄河几字弯地区各城市的产业多样化指数

地区	2005年	2006年	2007年	2008年	2009年	2010年	2011年	2012年	2013年	2014年	2015年	2016年	2017年	2018年	2019年	平均
巴彦淖尔	1.93	1.90	2.00	1.93	1.96	1.74	1.87	1.69	1.43	1.41	1.35	1.31	1.23	1.23	1.38	1.63
包头	2.23	2.49	3.76	3.61	3.50	3.02	2.90	2.86	3.84	4.21	4.10	4.16	4.04	3.52	4.80	3.54
鄂尔多斯	2.15	2.18	2.08	1.69	1.61	1.55	1.32	1.35	1.49	1.50	2.36	1.64	1.72	1.53	1.68	1.72
呼和浩特	2.64	2.46	2.36	2.39	2.30	2.27	2.06	2.18	1.80	1.87	1.98	1.99	1.96	2.05	2.23	2.17
乌海	1.64	1.71	1.71	1.69	1.39	1.39	1.44	1.61	1.55	1.48	2.76	2.80	3.42	2.42	1.76	1.92
石嘴山	2.49	2.37	2.31	2.36	2.03	2.96	2.59	2.68	2.14	2.56	2.45	2.41	2.17	2.06	1.85	2.36
吴忠	2.13	2.01	2.04	1.87	1.83	1.86	1.83	1.93	2.13	1.98	1.86	1.84	1.93	1.71	1.57	1.90
银川	1.96	2.02	2.08	2.02	1.99	2.00	1.84	2.19	2.25	1.20	1.25	2.39	2.41	2.16	2.22	2.00
中卫	1.95	2.18	1.94	1.75	1.98	1.55	1.37	1.55	1.51	1.47	1.30	1.30	1.26	1.14	1.15	1.56
大同	1.43	1.41	1.38	1.42	1.39	1.36	1.45	1.53	1.42	1.32	1.29	1.29	1.28	1.35	1.58	1.39
临汾	2.49	2.31	2.26	2.25	2.05	1.95	1.79	1.86	1.36	1.32	1.31	1.27	1.27	1.26	1.29	1.74
吕梁	1.74	1.65	1.56	1.62	1.54	1.49	1.42	1.50	1.23	1.29	1.30	1.27	1.27	1.27	1.29	1.43
朔州	1.40	1.38	1.41	1.45	1.50	1.50	1.39	1.45	1.35	1.28	1.31	1.35	1.30	1.30	1.28	1.38
太原	3.41	3.53	3.40	3.61	3.49	3.49	4.08	2.83	3.24	2.66	2.72	2.75	2.86	2.81	3.39	3.22
忻州	1.90	1.78	1.76	1.68	1.59	1.58	1.49	1.51	1.34	1.36	1.35	1.36	1.38	1.42	1.39	1.53
延安	1.51	1.42	1.32	1.29	1.24	1.21	1.10	1.09	1.24	1.38	1.33	1.35	1.34	1.54	1.62	1.33
榆林	1.52	1.44	1.40	1.40	1.37	1.27	1.27	1.27	1.48	1.52	1.59	1.63	1.72	1.61	1.75	1.48
平均水平	2.03	2.01	2.04	2.00	1.93	1.89	1.84	1.83	1.81	1.75	1.86	1.89	1.91	1.79	1.90	1.90

本研究利用公式(4.4)至公式(4.6)来构建几字弯地区的产业关联网络,并计算了各个城市的产业区位度。从图 4.5 可以看出,2005 年,几字弯地区的产业联系松散,关联网络呈现不紧凑的多中心结构,空间联系不是沿流域演变。同时,流域内的产业互补性和经济联系较弱,未形成良好的互动交流,不利于实现专业化效率的提升,对经济高质量发展和生态治理形成了比较大的阻碍。2005—2019 年,几字弯地区内部产业联系加强,关联网络密度增大。从图 4.6

可以看出，省会城市及其周边的二级城市普遍具有较高的工业区位度，流域上游地区的产业区位指数和产业关联相对较弱。城市群在一定程度上是沿着产业区位度高的城市的路径发展的，城市群之间的联系较弱。

凭借丰富的煤炭、金属和石油等矿产资源储备，几字弯地区在计划经济时期获得了国家重点项目支持，形成了以重化工业为主的工业体系，三线建设和重点开发项目密集。该地区的 11 个资源型城市中，包头等城市成了国家级资源型产业基地，有效地促进了区域城镇化和工业化进程[209]。然而，该地区各个城市的发展水平在国家层面上整体比较落后。根据国家发展和改革委员会发展规划司与云河都市研究院[211]的报告，几字弯地区的城市环境质量排名没有一座进入前 50 名，而进入前 100 名的城市仅有包头和鄂尔多斯，城市综合发展质量排名中，银川、包头、鄂尔多斯、兰州、呼和浩特处在 40 名之后。作为区域城镇化和工业化的龙头，宁夏沿黄城市群、太原城市群和呼包鄂榆城市群虽然承担了一些国家任务，但其辐射带动效应仍十分有限，很难带动区域参与到全国甚至全球的产业分工协作中。几字弯地区多分布工业化初期就落户的国有产业或军工企业，跨区协作的思想保守，加之存在行政壁垒，导致几字弯地区跨区域协同发展缓慢，产业经济的规模效应和集聚效应难以发挥。现存的国有企业正处在人才缺失、资金不足和方向不明的关键转型期，植入性很强的先进产业、外来投资与国有企业、地方经济联系较少，带动作用效果不明显，产业联系呈现“多向性”。尽管域内增长极间的联系有所增强，但城市经济结构多以初级产品为主，这与杨永春等[212]的研究结论一致，即黄河流域上下游之间联系较弱，这可能是由于黄河主流没有全程通航，且经济和人口越来越集中在交通便利的地区，这也解释了为什么产业关联网络的建立是沿着高区位度的地区发展而不是沿着流域方向集聚。

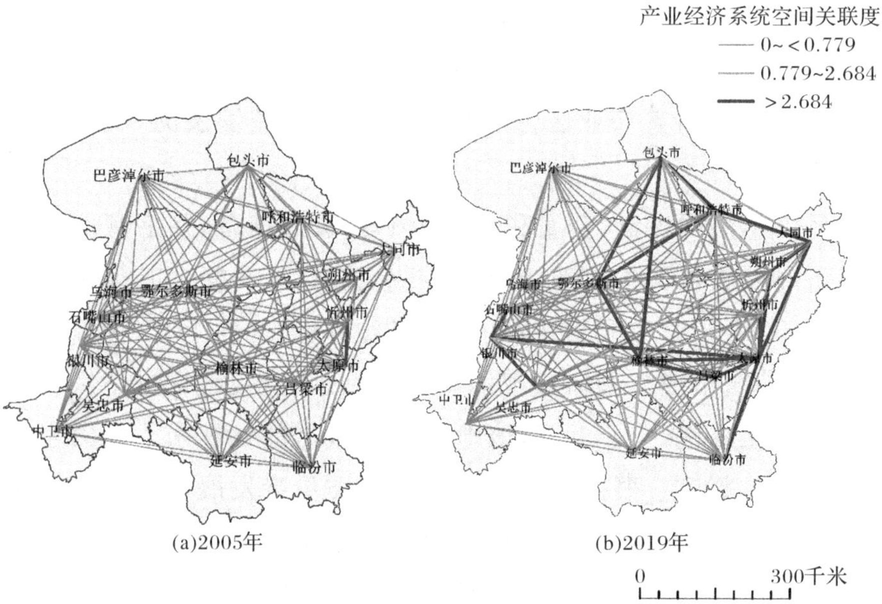

图 4.5　2005 年和 2019 年黄河几字弯地区的产业经济关联网络

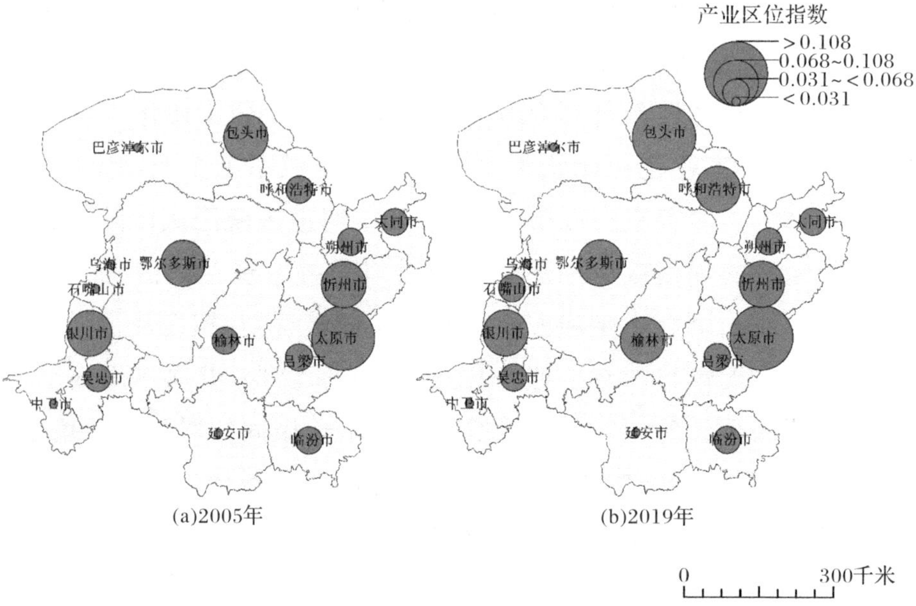

图 4.6　2005 年和 2019 年黄河几字弯地区各城市的产业区位度

4.4.4　产业经济系统发展环境表现

良好的发展环境是产业高质量发展的保障。从经济环境来看，2005—2019 年几字弯地区失业率有所下降，通货膨胀水平相对稳定，经济波动不大。从产业发展的社会绩效来看，几字弯地区人均受教育年限、人均公路里程和每万人拥有医疗技术人员数均有所提高，经济增长的基尼系数和城乡居民收入比在下降，即发展福利水平在提高，福利分配更加公平（见表 4.6）。从空间分化的角度看，大多数城市的发展环境保持稳定并有所改善，而忻州的环境则有所恶化。

例如，忻州是山西省脱贫攻坚的主战场，经济总量低，发展速度慢且不平衡，教育资本、医疗服务和基础设施建设等均比较落后[213]。因此，忻州应该利用好其紧邻省会的区位优势，积极推进产业发展力度，加快基础设施建设，优化产业结构，为产业经济系统提供良好的发展环境[214]。

表 4.6　2005—2019 年黄河几字弯地区产业发展福利水平

年份	每万人拥有医疗技术人员数/名	人均受教育年限/年	人均公路里程/（千米/万人）	经济基尼系数	城乡居民收入比
2005	43.304	8.797	27.079	0.265	3.387
2006	45.473	8.903	41.830	0.268	2.818
2007	46.639	9.009	42.716	0.267	2.903
2008	48.176	9.109	44.827	0.261	2.997
2009	51.564	9.211	47.006	0.257	3.007
2010	51.310	9.316	46.955	0.249	2.928
2011	56.884	9.403	49.085	0.260	2.843
2012	56.995	9.504	49.453	0.257	2.898
2013	63.508	9.604	51.770	0.250	2.817
2014	65.990	9.704	52.046	0.243	2.678

续表

年份	每万人拥有医疗技术人员数/名	人均受教育年限/年	人均公路里程/(千米/万人)	经济基尼系数	城乡居民收入比
2015	71.436	9.804	53.718	0.234	2.664
2016	75.313	9.902	56.534	0.223	2.646
2017	79.120	10.003	54.318	0.218	2.630
2018	82.024	10.079	54.682	0.230	2.582
2019	84.619	10.175	57.589	0.226	2.520

4.4.5 产业经济系统高质量发展指数

从时序演变的角度看,几字弯地区产业经济系统高质量发展综合指数略有波动。2005 年、2010 年、2015 年和 2019 年,几字弯地区 17 个城市的产业经济系统高质量发展指数的中位数分别为 0.0535、0.0507、0.0513 和 0.0530,呈现出 V 字形发展轨迹;发展指数的最大值和最小值之比分别为 3.24、3.07、3.10 和 4.31,空间异质性先缩小后扩大。在空间分布方面,产业经济系统综合表现的纬向分异很明显,高值主要分布在几字弯段中游的内蒙古地区,产业经济系统高质量发展水平的空间分布形成了高值和低值的集聚趋势(见图 4.7)。以 2019 年为例,全局莫兰指数为 0.33,Z 值为 2.64,P 值为 0.0083,位于 1%置信区间内。局部莫兰指数表明高质量发展综合指数在鄂尔多斯和呼和浩特形成了高值-高值聚类。从空间演化的角度看,呼和浩特、包头、鄂尔多斯和太原的高质量发展综合指数维持在较高的水平。同时,上游段宁夏的产业经济系统高质量发展水平在波动中有所提高,下游段的陕西省和山西省的产业经济系统高质量发展水平有所下降。

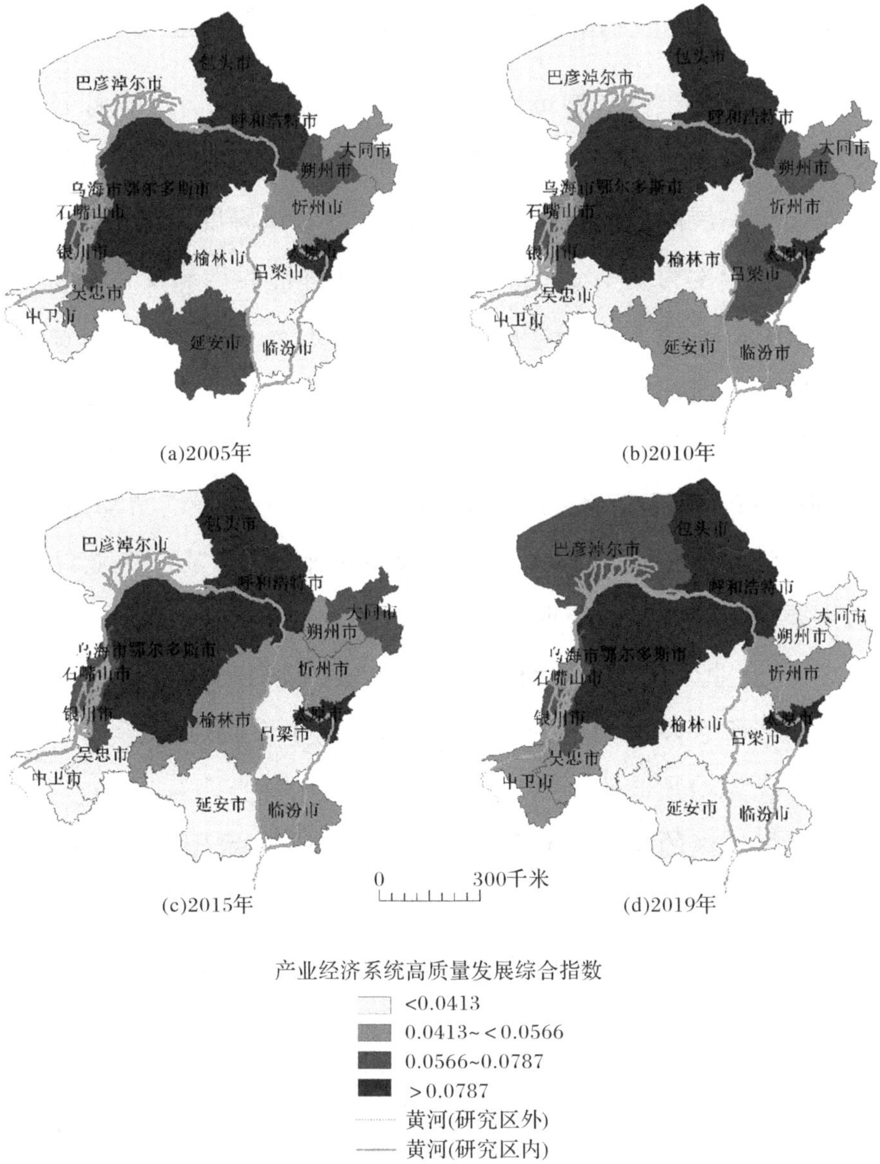

图 4.7　黄河几字弯地区产业经济系统高质量发展水平的时空分异

4.4.6 产业经济系统高质量发展障碍因子

根据障碍度识别模型可知,"三支点、一保障"的各项指标对产业经济系统高质量发展水平的阻碍程度不同。动力转型对产业经济系统的高质量发展阻碍度最高,其中创新动力的障碍度为 19.2%,根基动力的阻碍程度为 5.0%(见表 4.7)。从年际障碍因子变化的角度来看,各个指标中,能源生产率的障碍度下降明显,而产业结构合理化水平的障碍度增加显著,其平均值最高。

从城市尺度的障碍识别来看,在所有 17 个城市中,除鄂尔多斯之外,其他城市产业经济系统发展的首要障碍因子都是创新动力,而发展环境的障碍度最低。从具体的二级指标来看,各城市产业经济发展的主要障碍因素包括产业结构合理化水平、FDI 占全社会固定资产投资之比、产业区位度等。巴彦淖尔、乌海、石嘴山、中卫的产业区位度障碍度在所有障碍因素中排名第二,表明了发挥几字弯地区上游河段产业优势的紧迫性(见表 4.8)。

几字弯地区的重工业仍以国有企业为主,导致国有经济比重过高,体制创新不足。在国际竞争优势转移的背景下,资源优势逐渐丧失,创新驱动和产业结构不合理成为该地区产业高质量发展的首要障碍。

在打破和重构产业链的基础上,产业转移也会带来更加激烈的投资竞争、人才竞争和机会竞争。几字弯地区,尤其是产业区位度障碍度较高的上游地区,应特别注意把握机会、优化产业结构、加强产业关联、改善产业定位等。

表 4.7　2005—2019 年几字弯地区产业经济系统高质量发展的障碍因子及障碍度

一级指标	二级指标	年份															
		2005	2006	2007	2008	2009	2010	2011	2012	2013	2014	2015	2016	2017	2018	2019	平均
社会环境	每万人拥有医疗技术人员数	0.007	0.011	0.006	0.010	0.010	0.005	0.007	0.007	0.008	0.009	0.009	0.008	0.009	0.009	0.009	0.008
	人均受教育年限	0.001	0.001	0.000	0.001	0.001	0.000	0.000	0.000	0.000	0.000	0.000	0.000	0.000	0.000	0.000	0.000
	GDP 的基尼系数	0.017	0.032	0.016	0.025	0.025	0.017	0.022	0.025	0.021	0.019	0.014	0.015	0.016	0.015	0.015	0.020
	城乡居民收入比	0.008	0.048	0.024	0.031	0.037	0.024	0.023	0.026	0.022	0.021	0.016	0.013	0.017	0.017	0.018	0.023
	人均公路里程	0.013	0.027	0.015	0.023	0.023	0.018	0.018	0.024	0.020	0.020	0.017	0.016	0.020	0.020	0.021	0.020
经济环境	GDP 波动率	0.030	0.013	0.027	0.044	0.013	0.018	0.032	0.074	0.044	0.017	0.036	0.026	0.016	0.032	0.010	0.029
	价格波动率	0.010	0.005	0.019	0.025	0.014	0.026	0.053	0.017	0.031	0.000	0.000	0.000	0.009	0.000	0.006	0.014
	失业率	0.030	0.012	0.357	0.024	0.029	0.099	0.069	0.097	0.083	0.032	0.106	0.151	0.048	0.127	0.017	0.085
科技动力	科研经费投资占 GDP 之比	0.083	0.070	0.049	0.063	0.078	0.072	0.064	0.101	0.036	0.047	0.035	0.053	0.060	0.046	0.069	0.062
	外国直接投资占全社会固定资产投资之比	0.141	0.089	0.091	0.094	0.115	0.133	0.109	0.116	0.027	0.045	0.044	0.125	0.185	0.158	0.174	0.110
	收入的市场化水平	0.045	0.037	0.025	0.034	0.023	0.029	0.026	0.028	0.012	0.013	0.011	0.005	0.007	0.006	0.007	0.020
根基动力	GDP 增长率	0.016	0.005	0.003	0.012	0.032	0.003	0.002	0.001	0.015	0.003	0.004	0.017	0.006	0.014	0.004	0.009
	人均 GDP	0.032	0.029	0.023	0.030	0.035	0.045	0.046	0.057	0.026	0.036	0.034	0.046	0.061	0.046	0.070	0.041
发展效率	劳动力生产率	0.069	0.079	0.047	0.081	0.093	0.083	0.085	0.099	0.090	0.089	0.082	0.066	0.060	0.056	0.061	0.076
	能源生产率	0.138	0.145	0.075	0.119	0.075	0.065	0.063	0.064	0.053	0.053	0.062	0.057	0.048	0.047	0.052	0.074
	资本生产率	0.032	0.033	0.016	0.026	0.022	0.021	0.021	0.023	0.021	0.019	0.014	0.010	0.010	0.009	0.009	0.019
	全要素生产率	0.000	0.000	0.001	0.004	0.009	0.009	0.014	0.022	0.022	0.023	0.022	0.019	0.021	0.023	0.027	0.014
产业布局	产业专业化水平	0.063	0.068	0.031	0.057	0.071	0.071	0.064	0.070	0.083	0.089	0.081	0.064	0.076	0.076	0.068	0.069
	产业多样化水平	0.014	0.017	0.012	0.023	0.023	0.024	0.026	0.017	0.037	0.045	0.039	0.031	0.039	0.028	0.051	0.028
	产业区位度	0.103	0.098	0.051	0.080	0.078	0.073	0.069	0.080	0.107	0.127	0.109	0.089	0.101	0.099	0.118	0.092
产业结构	产业结构合理化水平	0.082	0.094	0.058	0.100	0.106	0.082	0.097	0.025	0.136	0.184	0.186	0.131	0.131	0.105	0.132	0.110
	产业结构高级化水平	0.066	0.089	0.051	0.095	0.087	0.082	0.092	0.031	0.109	0.108	0.078	0.058	0.058	0.067	0.063	0.076

表 4.8 几字弯地区各城市产业经济系统高质量发展的障碍因子及平均障碍度

二级指标	巴彦淖尔	包头	鄂尔多斯	呼和浩特	乌海	石嘴山	吴忠	银川	中卫	大同	临汾	吕梁	朔州	太原	忻州	延安	榆林
每万人拥有医疗技术人员数	0.008	0.009	0.010	0.008	0.008	0.008	0.009	0.007	0.009	0.008	0.009	0.009	0.009	0.007	0.009	0.008	0.008
人均受教育年限	0.000	0.000	0.001	0.000	0.000	0.000	0.000	0.000	0.000	0.000	0.000	0.000	0.000	0.000	0.000	0.000	0.000
GDP 的基尼系数	0.016	0.022	0.023	0.019	0.017	0.016	0.020	0.018	0.018	0.024	0.018	0.022	0.020	0.022	0.017	0.020	0.023
城乡居民收入比	0.016	0.027	0.026	0.025	0.019	0.020	0.020	0.022	0.022	0.027	0.022	0.026	0.022	0.022	0.027	0.024	0.023
人均公路里程	0.012	0.025	0.016	0.024	0.023	0.021	0.018	0.023	0.017	0.020	0.020	0.019	0.019	0.027	0.018	0.017	0.017
GDP 波动率	0.028	0.032	0.034	0.032	0.028	0.029	0.029	0.030	0.028	0.027	0.026	0.025	0.027	0.035	0.025	0.027	0.026
价格波动率	0.013	0.016	0.014	0.016	0.014	0.014	0.015	0.015	0.015	0.013	0.013	0.014	0.014	0.016	0.013	0.013	0.015
失业率	0.092	0.110	0.085	0.101	0.093	0.093	0.091	0.090	0.088	0.080	0.061	0.061	0.057	0.100	0.082	0.085	0.083
科研经费投资占 GDP 之比	0.070	0.059	0.068	0.066	0.066	0.056	0.057	0.055	0.061	0.054	0.066	0.068	0.070	0.027	0.069	0.067	0.069
外国直接投资占全社会固定资产投资之比	0.101	0.103	0.064	0.080	0.119	0.127	0.113	0.123	0.117	0.116	0.115	0.102	0.109	0.111	0.122	0.123	0.119
收入的市场化水平	0.021	0.018	0.024	0.024	0.014	0.018	0.021	0.017	0.021	0.019	0.021	0.020	0.023	0.021	0.024	0.023	0.020
GDP 增长率	0.008	0.010	0.009	0.009	0.008	0.008	0.008	0.008	0.007	0.010	0.010	0.011	0.010	0.011	0.010	0.009	0.008
人均 GDP	0.043	0.030	0.024	0.037	0.031	0.042	0.045	0.043	0.045	0.046	0.045	0.046	0.046	0.045	0.047	0.039	0.042
劳动力生产率	0.075	0.072	0.049	0.081	0.060	0.076	0.082	0.081	0.082	0.081	0.082	0.079	0.079	0.083	0.085	0.072	0.073
能源生产率	0.068	0.088	0.079	0.074	0.083	0.085	0.078	0.079	0.077	0.070	0.080	0.075	0.073	0.082	0.074	0.034	0.064
资本生产率	0.019	0.024	0.021	0.023	0.019	0.020	0.019	0.021	0.019	0.018	0.016	0.018	0.015	0.023	0.018	0.016	0.016
全要素生产率	0.013	0.016	0.018	0.016	0.011	0.013	0.013	0.015	0.013	0.015	0.014	0.015	0.014	0.018	0.014	0.015	0.012
产业专业化水平	0.072	0.053	0.082	0.077	0.064	0.048	0.060	0.071	0.064	0.074	0.070	0.066	0.079	0.072	0.075	0.074	0.069
产业多样化水平	0.028	0.023	0.036	0.030	0.028	0.026	0.027	0.028	0.028	0.030	0.029	0.029	0.030	0.027	0.028	0.028	0.028
产业区位度	0.106	0.083	0.090	0.096	0.109	0.101	0.091	0.080	0.103	0.096	0.099	0.089	0.098	0.072	0.075	0.097	0.082
产业结构合理化水平	0.115	0.105	0.132	0.105	0.103	0.101	0.109	0.102	0.098	0.104	0.110	0.126	0.110	0.100	0.102	0.125	0.122
产业结构高级化水平	0.077	0.075	0.095	0.055	0.084	0.077	0.078	0.071	0.067	0.069	0.075	0.081	0.075	0.077	0.066	0.082	0.080

4.5　本章小结

本章构建了包含发展效率、发展动力、发展质量和发展环境的产业经济系统“三支点、一保障”评价框架，并以几字弯地区为研究对象进行实证分析。

总体而言，几字弯地区的产业经济系统高质量发展水平在研究时序内较为稳定，略有波动，具有空间不均衡和相对稳定的特点。研究期间，几字弯地区上游的产业经济系统高质量发展水平有所提高，而下游则有所下降。

从产业发展效率表现来看，地区内各城市的单要素生产率均有所提高。虽然技术进步保持了良好的增长势头，促进了全要素生产率的持续增长，但要素配置效率和要素使用效率的降低极大地阻碍了全要素生产率的提高。

产业发展动力的年际变化并不明显，空间表现差异显著。几字弯地区西北部的内蒙古大部分城市和太原、银川两个省会城市的转型动力表现优异，忻州、大同、朔州、榆林、临汾、延安等典型的资源型城市转型动力较低。

从产业发展质量来看，几字弯地区的产业多样化水平不高，制造业的专业化水平有所下降，城市和城市群之间没有形成合理的产业分工和特色产业集群。大城市和省会城市的产业多样化水平、产业区位度明显高于其他城市，且城市间的产业经济联系还有很大的发展空间。

从产业发展环境来看，几字弯地区的经济环境和社会福利有所改善。本书采用障碍度模型来识别产业经济系统高质量发展的障碍因子，其中科技创新的障碍度最高，能源生产率的障碍度下降明显，产业结构合理化水平的障碍度增加显著。

第 5 章

生态环境系统高质量发展评价

5.1 生态环境系统高质量发展评价框架

脆弱的生态环境和高强度的产业活动，使几字弯地区的生态环境系统长期处在巨大的压力中。认识这一基本特征，是正确处理该地区生态保护和高质量发展关系的基本出发点，也是制定相关战略和方案的基本出发点。从高速度向高质量发展是由量变向质变的转型过程，可以从民生、发展和平衡三个维度去理解[55]。同时，考虑到经济学家对质量问题的研究多从宏观经济发展的结构、效率和数量等方面展开[178]，本书据此对生态环境系统高质量发展构建合适的评价框架。

不同于产业经济系统以增长和扩张为导向的发展需求，生态环境系统是以安全、稳定为内核的，但是二者在高质量发展的背景下有一样的精神内核，即满足人民对美好生活的需要，也就是说，生态环境系统的高质量要求人类在改造和利用自然资本的同时，尽量减少对自然环境的破坏及各类危害人类生存的负反馈。因此，我们评价生态环境的高质量发展水平主要考察生态环境系统自身的安全稳定，以及是否可以满足人类发展的需求。

现有关于生态环境系统发育质量的定量评价主要有生态稳定和生态协调评价[214]、生态安全评价[215]、生态约束水平评价[216]、可持续发展水平评价[217]等。其中，生态足迹模型因其应用广泛、重复性好、易于理解而被广泛应用[218-220]。近年来，许多学者在传统生态足迹模型的基础上拓展了研究维度，开发了生态效率[221]、生态福祉绩效[222]、生态压力指数[223]、生态风险指数[224]等评价指标，并进一步将这些指标组合为系统的评价模型，如 DEA-EEF 综合评价模型[225]和生态-社会-经济三角模型[226]等。

本书在高质量发展背景下，结合现有经济领域高质量的评价框架和生态环境系统相关的评价研究，提出生态环境系统的高质量发展包含了生态供需数量平衡、生态供给结构均衡，以及生态福祉绩效三个内涵。其中，生态供需数量平衡体现了需求与供给的适配性，生态供给结构均衡体现了生态活动的稳定性，生产福祉绩效体现了系统整体的有机性。本章在构建"数量-效率-结构"三维框架的基础上，实证分析几字弯地区生态环境系统的高质量发展水平，并通过聚类分析，对几字弯地区城市的生态环境系统质量水平进行分类（见图 5.1）。

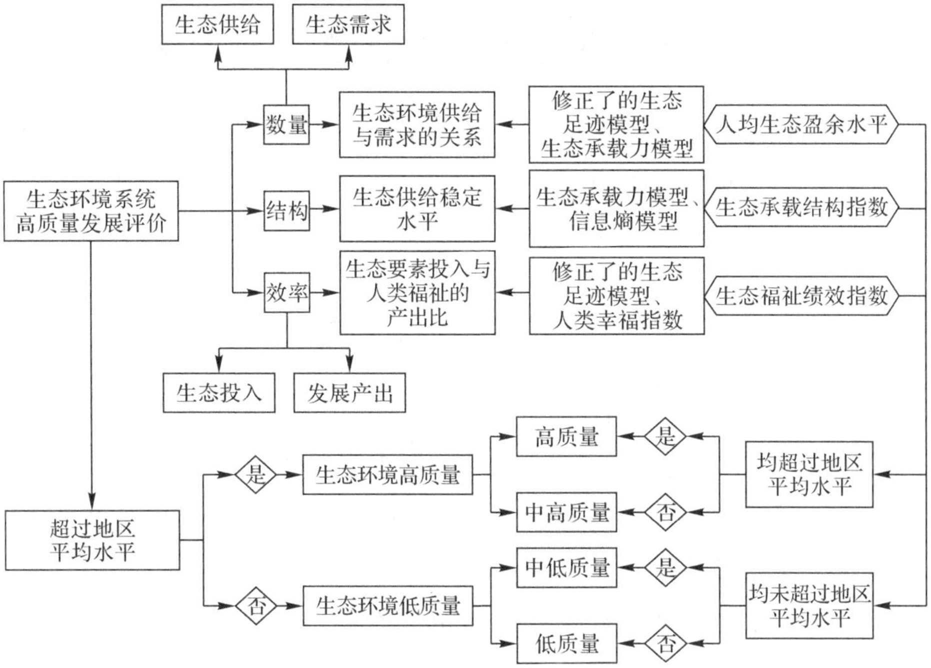

图 5.1　生态环境系统高质量发展评价框架

5.2　生态环境系统高质量发展评价模型与指标

基于改进的生态足迹和信息熵模型，本书建立了"数量-效率-结构"的三维评价框架。具体而言，数量评价是通过构建改进的生态足迹模型考察生态供需关系来实现的。模型改进的具体内容包括增加新的足迹账户、转换因子的本地化，以及计算方法精细化等。效率评价通过计算生态福祉绩效指数来衡量生态资本转化为人类福祉的效率[227]。结构评价是利用信息熵模型来研究生态承载力的均衡水平，以表征生态供给的稳定性。

5.2.1　生态环境系统生态供需的数量指标

本书利用生态足迹模型来计算人类生存和发展对自然资本的需求。传统的生态足迹账户包括耕地、林地、草地、水域、化石能源用地和建设用地[140]，计算公式如下：

$$\mathrm{EF} = \mathrm{ef} \times N = N \times \sum \left(\frac{C_i}{P_i} \times r_i\right) \tag{5.1}$$

其中，EF 代表生态足迹；ef 为人均生态足迹；N 为总人口；i 为产品类别；C_i代表 i 产品的人均消费水平；P_i为全球平均产量；r_i代表均衡因子，指特定类型土地的生物生产力与该地区所有生物生产性土地的平均生产力的比率。

本书通过计算生态承载力来评价生态环境系统的供给水平。生态承载力是人均生产性用地面积和人口数量的乘积，计算公式如下：

$$\mathrm{ECC} = \mathrm{ecc} \times N = N \times \sum (r_i \times s_i \times t_i) \tag{5.2}$$

其中，ECC 代表生态承载力；ecc 是人均生态承载力；s_i代表人均生物生产性土地面积；t_i代表产量因子，其描述了地区生物生产性土地的生产力与世界该类型土地的平均生产力之间的差异。

在计算过程中，本书选择林地和草地的总面积代表化石能源用地的土地面积。同时，足迹总量需扣除 2% 以维持生态多样性。当 ECC 大于 EF 时，生态供需关系处于生态盈余(ES)状态；当 EF 大于 ECC 时，生态供需关系处于生态赤字(ED)状态。如果一个地区长期处于生态赤字状态，将对生态环境系统造成不可逆的破坏，不利于可持续发展。计算生态盈余或生态赤字的公式如下：

$$\text{ES 或 ED} = \text{EF} - \text{ECC} \tag{5.3}$$

当 EF－ECC＞0 时，该地区处于生态赤字；当 EF－ECC＜0 时，该地区处于生态盈余。

本书在传统生态足迹模型的基础上做出如下改进，以增加模型利用精度。

第一，本书细化了生态足迹类型，区分了生产性生态足迹和消费性生态足迹。生物资源无论是消费还是出口，都占用了当地的生产用地，所以本书计算了其生产性生态足迹。对于能源资源，无论是在当地开采还是从国外进口，都是在当地消费，其废弃物排入环境，占用了当地的生态生产用地，因此，本书计算了能源资源的消费性生态足迹。

第二，考虑到几字弯地区的生态环境特征，本书利用城市供水数据建立水资源账户，具体包括家庭用水、生产经营用水、公共服务用水和其他水资源。水资源的生态足迹计算见公式(5.4)。

$$\text{EF}_{\text{w}} = N \times \text{ef}_{\text{w}} = N \times r_{\text{w}} \times \frac{c_{\text{w}}}{p_{\text{w}}} \tag{5.4}$$

其中，EF_{w}指水资源的生态足迹；N 指人口；ef_{w}代表人均水资源生态足迹；r_{w}为水资源均衡因子；c_{w}为地区人均用水量；p_{w}为中国水资源的平均生产能力，本书中 $p_{\text{w}} = 294600\ \text{m}^3/\text{hm}^2$[228]。关于水资源用地

的生态承载力评价，需要扣除60%的承载力用于维持生态环境的系统运行[229]。

第三，本书增加了污染物的足迹账户，将固体废物、废水和废气转化为可测量的生物生产性用地。按照109100 t/hm^2的标准，将工业固体废物和生活垃圾转化为占用的耕地面积；按照365 t/hm^2的标准，将工业废水和生活污水排放折算为水资源用地面积；根据0.08865 t/hm^2和10.11 t/hm^2的标准，分别将工业二氧化硫排放和烟尘排放转换为占用林地的面积[230]。污染物账户的生态足迹计算见公式(5.5)。

$$EF_p = \sum_{i=1}^{3} r_i \times \frac{Q_i}{AC_i} \tag{5.5}$$

其中，EF_p代表污染物排放的生态足迹；Q_i为污染物排放量；r_i为不同土地类型的均衡因子；AC_i为不同土地类型对污染物的吸收能力。

第四，畜牧业产品的生态足迹是由不同牲畜的饲养方法和口粮结构决定的。传统的生态足迹方法认为小麦是猪和家禽的主要食物，所以猪肉、家禽和鸡蛋的消费被转换为耕地占用的足迹；牛和羊主要以牧草为食，因此将牛肉、羊肉和牛奶的消费转化为草原占用的足迹。本书的研究区域是一个典型的农牧交错区，根据不同牲畜的饲养方式和口粮结构来考虑畜牧业产品的生态足迹更为合理。根据谢鸿宇等[231]的研究，猪和家禽的主要口粮来自耕地的高粱、小麦和玉米，牛和羊主要是通过饲养和散养。畜牧产品的详细消费情况见表5.1。

表 5.1　单位畜牧产品的原料消耗量

畜牧产品	来源	比例	原材料	每千克畜牧产品消耗的原材料	土地类型
猪肉	饲养	100%	玉米	1.4223	耕地
	饲养	100%	高粱	0.3057	耕地
禽肉	饲养	100%	玉米	1.4084	耕地
	饲养	100%	小麦	0.1236	耕地
鸡蛋	饲养	100%	玉米	0.6854	耕地
牛肉	饲养	86%	玉米	0.5126	耕地
	放牧	14%	牧草	—	草地
羊肉	饲养	57%	玉米	0.3716	耕地
	放牧	43%	牧草	—	草地
牛奶	饲养	72%	玉米	0.2731	耕地
	放牧	28%	牧草	—	草地

以猪肉为例，占用一类生物生产性土地的畜产品生态足迹计算见公式(5.6)。

$$A_{m1} = \sum \frac{P_{mc} \times E_c \times eC_i}{eP_i} \tag{5.6}$$

式中，A_{m1}为猪肉的消费生态足迹；P_{mc}为猪肉产量(kg)；E_c表示每头猪肉的粮食消费量(kg)；eC_i表示原料 i 占粮食消费量的比例(%)；eP_i为原料 i 的平均生产率(kg/hm^2)。

以牛肉为例，占用两类生物生产性土地的畜产品生态足迹计算见公式(5.7)。

$$A_m = A_{m1} + A_{m2} = \sum \frac{P_m \times P_{rec} \times E_c}{eP_i} + \frac{P_m \times P_{reg}}{EP_2} \tag{5.7}$$

其中，A_m是牛肉的消费生态足迹；A_{m1}是占用耕地的牛肉生态足迹；A_{m2}是占用草地的牛肉生态足迹；P_m表示牛肉产量(kg)；P_{rec}是占用耕地的牛肉比例；P_{reg}是占用草地的牛肉比例；E_c 表示单位牛肉的粮食消费量(kg);eP_i表示原料 i 的平均生产率(kg/hm^2);EP_2表示中国单位面积草原的平均牛肉产量。

第五,在分析能源消费的生态足迹时,本书按照四个省份的能源消费比例来计算各城市的煤炭、石油、天然气、水电的消费量,以增加区域间的可比性。已知每吨标准煤可产生 293080 GJ 的热能[232],因此,能源消耗的生态足迹见公式(5.8)。

$$EF_p = \sum_{j=1}^{4} r_j \times \frac{R_j \times 293080}{V_j} \tag{5.8}$$

其中,r_j代表化石能源的均衡因子;R_j代表不同的能源消耗量;V_j代表全球平均能源足迹,其中煤炭为 55 GJ/hm^2,石油为 1 GJ/hm^2,天然气为 93 GJ/hm^2,水电为 1000 GJ/hm^2[233]。本书根据水电消费计算建设用地的生态足迹。由于缺乏数据,本书根据水电消费在中国总电力消费中的份额来计算 17 个城市的水电消费。

第六,现有研究中普遍采用基于全球公顷的均衡因子和产量因子来计算生态足迹,这对于开展区域尺度的研究来说,精度不够。因此,本书参照左其亭等[62]、Liu 等[234]、张宇鹏[235]研究中的模型方法和计算过程,计算基于中国国家公顷的各省份均衡因子和产量因子(见表 5.2)。

表 5.2 黄河几字弯地区各省份的生态足迹转换因子

转换因子	省份	耕地	林地	草地	水域	水资源用地	化石能源用地	建设用地
产量因子	内蒙古自治区	0.52	0.68	1.07	1.07	0.14	1	0.52
	宁夏回族自治区	0.55	0.77	0.76	0.76	0.06	1	0.55
	山西省	0.48	0.56	1.40	1.40	0.29	1	0.48
	陕西省	0.51	0.83	2.16	2.16	0.68	1	0.51
均衡因子		4.02	0.63	0.09	0.05	5.19	0.18	4.02

综上所述，本书构建的生态足迹账户包括生物资源账户、化石能源账户、水资源账户和污染物排放账户（见表 5.3）。

表 5.3　生态足迹账户详情

足迹账户	子账户	产品	土地类型	足迹账户	产品	土地类型
生物资源账户	耕地产品	油料、蔬菜、小麦、玉米、豆类、土豆、猪肉、鸡蛋、奶制品、牛肉、羊肉、家禽肉	耕地和草地	化石能源账户	煤炭	化石能源用地
	林地产品	水果	林地		天然气	化石能源用地
	草地产品	奶制品、牛肉、羊肉	草地		石油	化石能源用地
	水产品	淡水水产养殖	水域		水电	建设用地
污染物排放账户	废水	工业废水和城市污水	水域	水资源账户	生活废水	水资源用地
	废气	工业二氧化硫和工业烟尘	林地		生产用水	水资源用地
	固体废物	工业固体废物及生活废物	耕地		公共用水及其他用水	水资源用地

5.2.2　生态环境系统生态承载的结构指标

生态承载力的结构显著影响着资源供应的稳定性[78]。本书采用信息熵模型来衡量生态承载结构（ECS）。熵值越高，生态承载力能发挥的功能就越多，生态承载结构就越平衡，见公式（5.9）。

$$A = A_1 + A_2 + A_3 + \cdots + A_n$$

$$P_i = \frac{A_i}{A} = A_i / \sum_{i}^{n} A_i \tag{5.9}$$

$$\mathrm{ECS} = -\sum_{i}^{n} (P_i \times \log P_i)$$

其中，A_i是生物生产性土地 i 的生态承载力；A 是所有类型土地的总生态承载力；ECS 是信息熵，代表了生态承载结构水平。

5.2.3 生态环境系统生态福祉的绩效指标

人类发展指数(HDI)从三个维度衡量人类的福祉：健康与寿命水平(出生时的预期寿命衡量)、知识水平(平均受教育年限和预期受教育年限)和生活水平(人均国民总收入)。人类发展指数是等权重的三个指标的几何平均值[236]。本书将人类发展指数与人均生态足迹结合起来，以表示生态福祉效率，代表消耗单位足迹而产生的人类福祉。考虑到人类发展指数是一个从 0 到 1 的无单位值，在此将人均生态足迹也转换为无单位指数，见公式(5.10)。

$$\mathrm{ef}^* = \frac{\ln(\mathrm{ef}) - \ln(\mathrm{ef}_{\min})}{\ln(\mathrm{ef}_{\max}) - \ln(\mathrm{ef}_{\min})}$$

$$\mathrm{EWP} = \frac{\mathrm{HDI}}{\mathrm{ef}^*} \tag{5.10}$$

其中，EWP 代表生态福祉绩效；$\mathrm{ef}_{\max}$为 11.68；$\mathrm{ef}_{\min}$为 0.42[227]。地级市的 HDI 来自《中国人类发展报告 2005》《中国人类发展报告 2007—2008》《中国人类发展报告 2009—2010》《中国人类发展报告 2013》《中国人类发展报告 2016》和《中国人类发展报告 2019》[237-242]，空缺年份的数据通过插值法进行填补。

5.2.4　生态环境系统高质量发展指数与城市分类

在 ef、EWP 和 ECS 归一化值的基础上，本书采用熵权 TOPSIS 模型计算 17 个城市的生态环境系统高质量发展的综合指数，并通过聚类的方法对城市进行分类。

本书定义城市类型的规则如下：如果一个城市的生态环境系统高质量发展指数高于区域平均水平，并且所有分项指标(ef、EWP 和 ECS)也高于区域平均水平，则该城市被定义为生态环境高质量城市，若并非所有分项指标均高于平均水平，则该城市被定义为生态环境中高质量城市；若一个城市的生态环境系统高质量发展指数低于区域平均水平，并且所有分项指标都低于区域平均水平，则该城市被定义为生态环境低质量城市，若并非所有分项指标均低于平均水平，则该城市被定义为生态环境中低质量城市。

5.3　黄河几字弯地区的生态环境系统高质量发展表现

几字弯地区是中国人口、资源、环境冲突集中的地区之一，脆弱的生态环境加上长期密集的人类活动，导致该地区生态环境系统发生了剧烈变化。与此同时，几字弯地区生态修复工程和社会经济发展加剧了水资源和土地资源的供需矛盾。在过去的几十年里，资源禀赋和空间集聚交织在一起，在促进区域中心城市成长的同时，也给生态环境系统带来了巨大压力。

5.3.1　生态环境系统生态供需的数量表现

2005—2019 年，几字弯地区的人均生态足迹呈倒 V 形走势：从 2005 年的人均 3.339 hm^2 上升到 2012 年的人均 5.227 hm^2，然后缓慢下降到 2019 年的 4.26 hm^2。人均生态承载力相对稳定，维持在人均 0.88 hm^2 左右。区域人均生态赤字也呈现倒 V 形轨迹，从 2005 年的人均 2.46 hm^2 上升到 2012 年的 4.35 hm^2，然后下降。在研究期间，几字弯地区一直处于生态赤字状态，地区发展对自然资源的需求已经超过了生态环境系统提供的最大阈值（见图 5.2）。化石能源用地的生态足迹与区域总生态足迹发展轨迹一致，七种土地类型对区域生态赤字的贡献如下：化石能源用地＞林地＞耕地＞草地＞水域＞建设用地＞水资源用地（见图 5.3）。几字弯地区资源型城市分布密集，化石能源用地生态赤字是制约区域发展的主要因素。

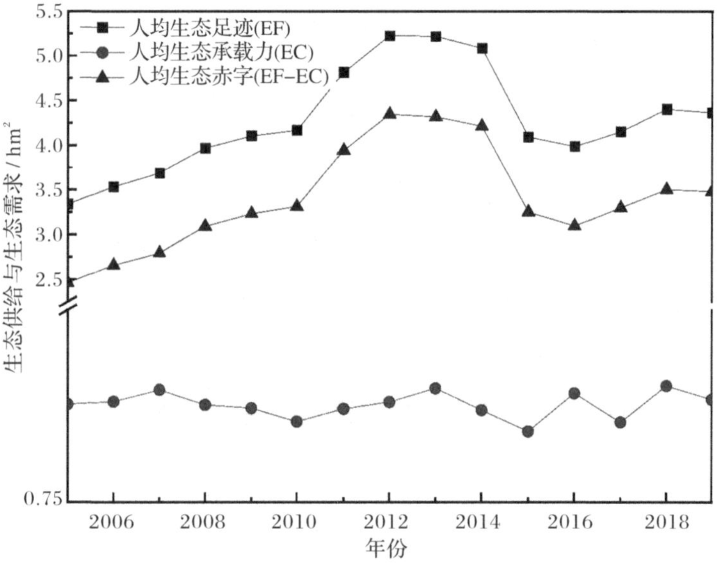

图 5.2　2005—2019 年黄河几字弯地区生态供需的发展轨迹

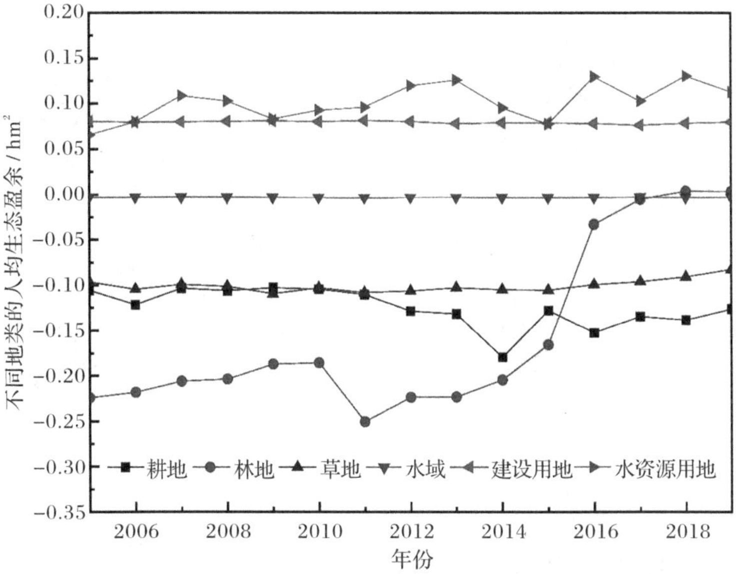

图 5.3　2005—2019 年黄河几字弯地区不同地类生态盈余的发展轨迹

从空间分化的角度看，几字弯地区东部和西部的生态供需状况不如中部激烈（见图 5.4）。从城市群之间的比较来看，呼包鄂榆城市群的生态供需关系最为紧张。2018 年，呼包鄂榆城市群拥有世界上 80％以上的稀土资源和中国 1/6 的煤炭资源，并保证了全国 40％的能源供应[243]。丰富的能源储备在推动经济发展的同时，也带来了生态赤字。值得注意的是，除了呼包鄂榆城市群之外，临汾的生态赤字也很严重。临汾是省域副中心城市，是山西省新型能源和工业基地建设的重要组成部分。作为中国三大优质主焦煤基地之一，其相对严重的生态赤字可能与煤炭资源过度开采有关。

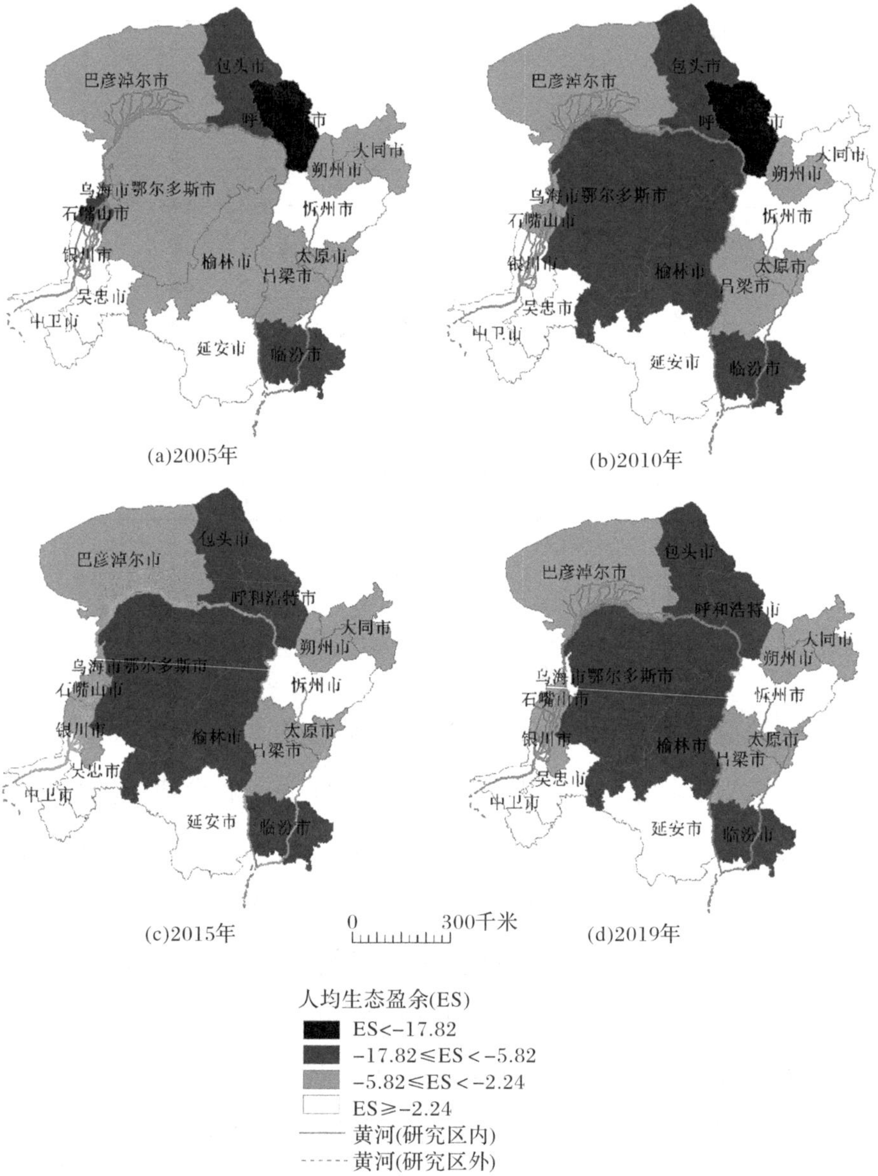

图 5.4　黄河几字弯地区人均生态盈余的时空分异

5.3.2 生态环境系统生态承载的结构表现

由图 5.5 可见，不同土地类型的人均生态承载力稳定中略有波动。研究期间，耕地人均生态承载力对区域承载力的贡献率最大，年均贡献率为 40.5%。从时间序列变化来看，耕地的人均生态承载力从 2005 年的 0.365 hm^2 下降到 2019 年的 0.349 hm^2。这可能是由于城市化和经济发展带来的人口增加和耕地减少，增加了对耕地的生态压力。水资源的人均生态承载力有波动。建设用地的人均生态承载力从 2005 年的 0.081 hm^2 上升到 2019 年的 0.095 hm^2。化石能源用地、林地和草地的人均生态承载力呈轻微下降趋势。水域的人均生态承载力稳定在 0.002 hm^2 左右(见图 5.5)。从 2005 年到 2019 年，几字弯地区生态承载结构整体在稳定中略有波动，空间分布呈

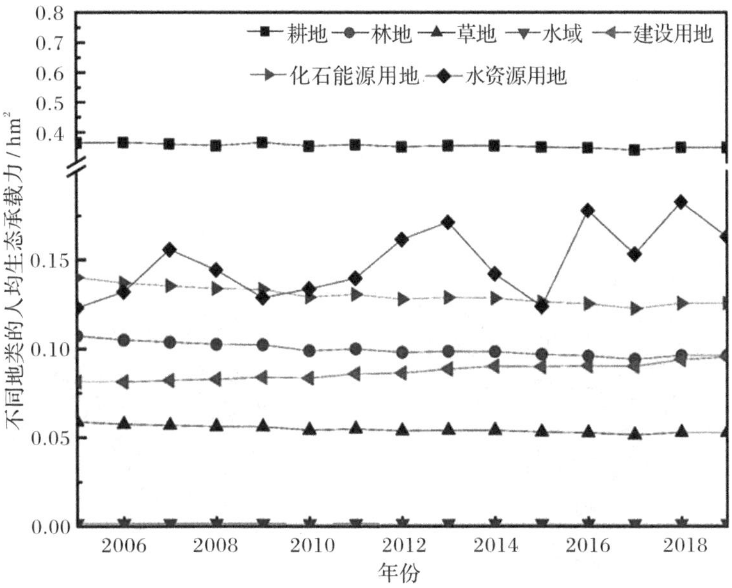

图 5.5 2005—2019 年黄河几字弯地区不同地类的人均生态承载力

现集聚趋势(以 2019 年为例,全局莫兰指数为 0.492,$P=0.003$,$Z=3.015$)(见图 5.6)。从空间分布的角度来看,几字弯地区南部的承载结构较北部稳定;东部的承载结构优于西部。2019 年的局部莫兰指数显示,生态承载结构指数形成以榆林为中心的高-高集聚,以中卫、吴忠、银川为中心的低-低集聚(见图 5.7)。

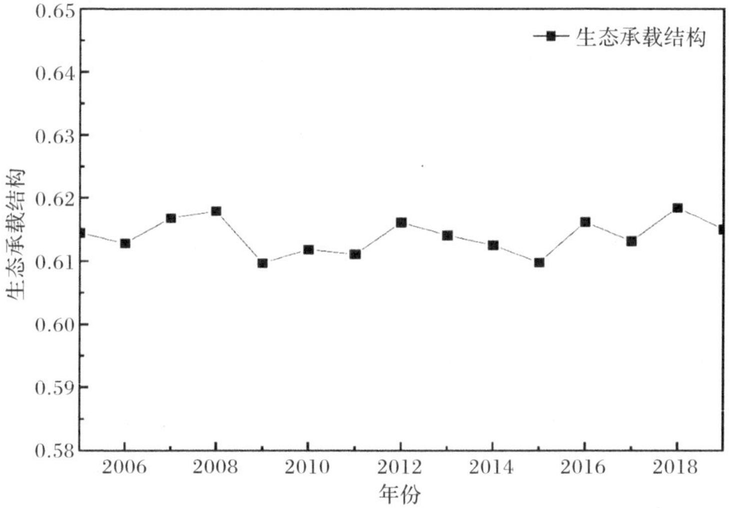

图 5.6　2005—2019 年黄河几字弯地区生态承载结构指数的发展轨迹

(a)2005年

(b)2010年

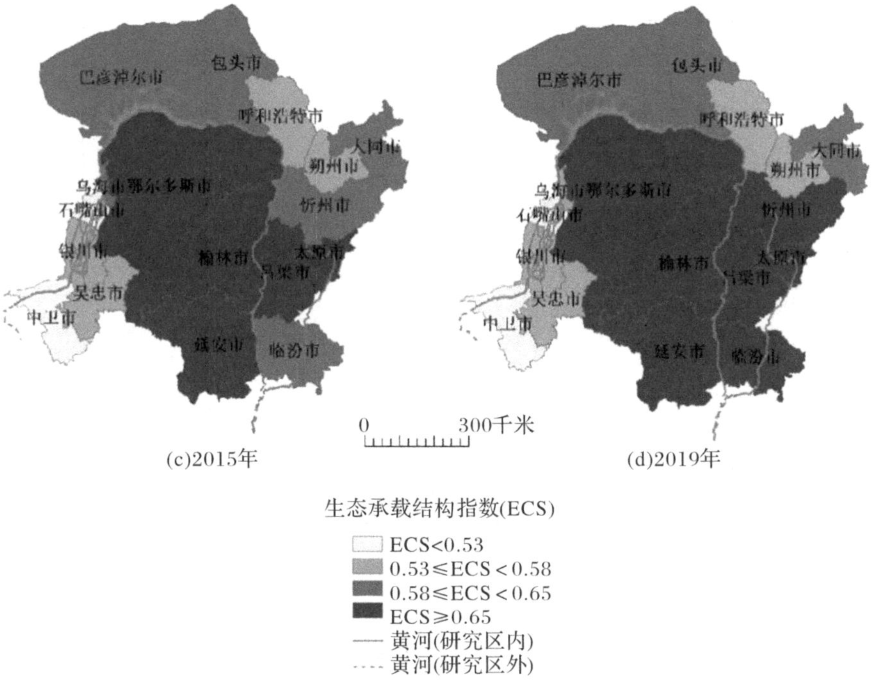

图 5.7　黄河几字弯地区生态承载结构的时空分异

5.3.3　生态环境系统生态福祉的绩效表现

生态福祉绩效描述了自然资本满足人类福祉的产出效益。2005—2019 年，几字弯地区的平均人类发展指数均在 0.7 以上，达到了高水平阶段[244]。几字弯地区的生态福祉绩效在研究时段内呈 V 形轨迹(见图 5.8)。从空间分异来看，宁夏沿黄城市群和太原城市群的生态福祉绩效优于呼包鄂榆城市群，省会城市中的太原和银川的生态福祉绩效也优于呼和浩特。其中，忻州、吴忠、延安和中卫的高生态福祉绩效可能与低生态赤字有关(见图 5.9)。

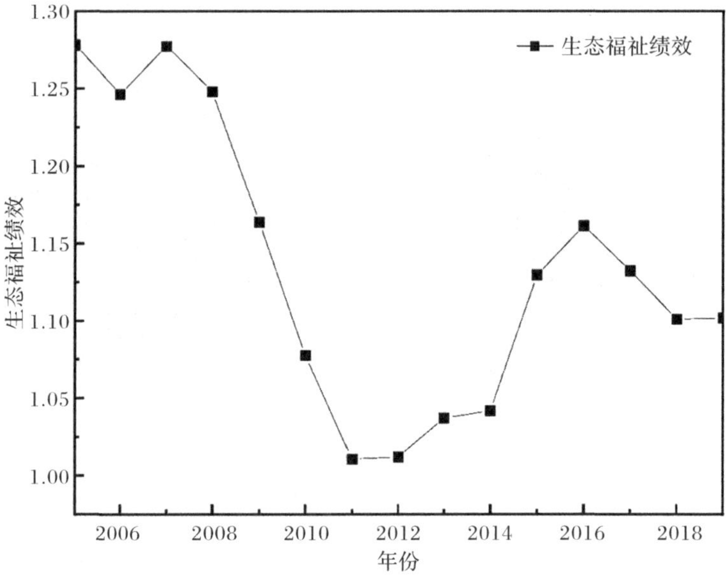

图 5.8　2005—2019 年黄河几字弯地区的生态福祉绩效的发展轨迹

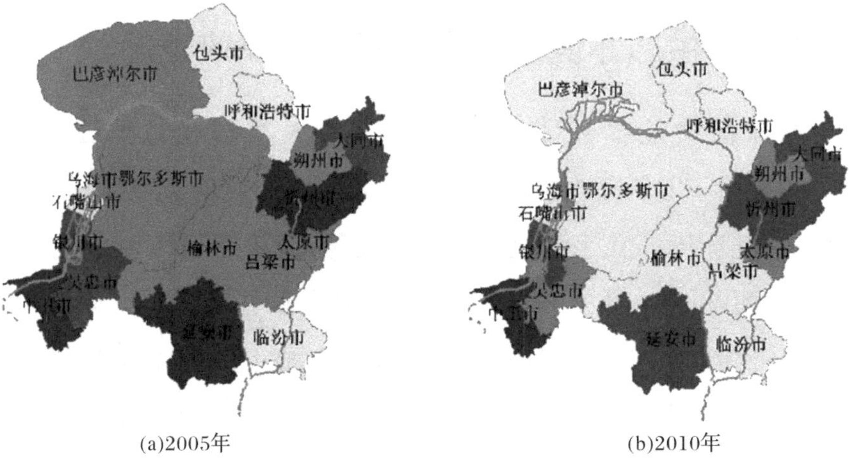

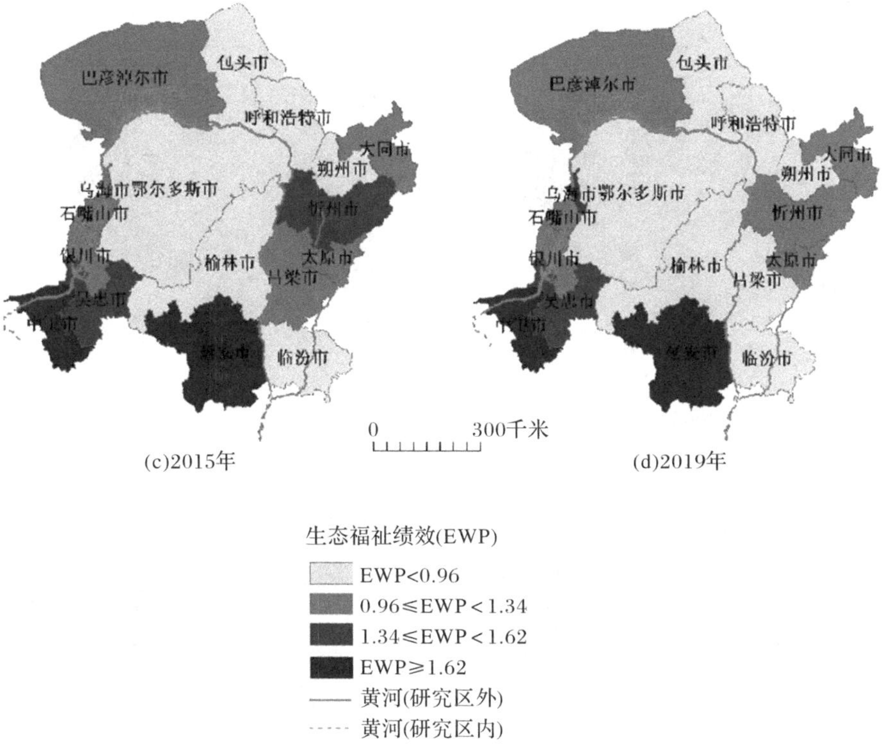

图 5.9 黄河几字弯地区生态福祉效益的时空分异

5.3.4 生态环境系统高质量发展指数

本书采用熵权 TOPSIS 方法，根据生态供需比较、生态福祉绩效和生态承载结构来计算几字弯地区生态环境系统的高质量发展指数。2005—2019 年，几字弯地区的生态环境质量水平有轻微波动。从空间分异来看，几字弯地区南部的生态环境质量整体优于北部，东部优于西部(见图 5.10)。

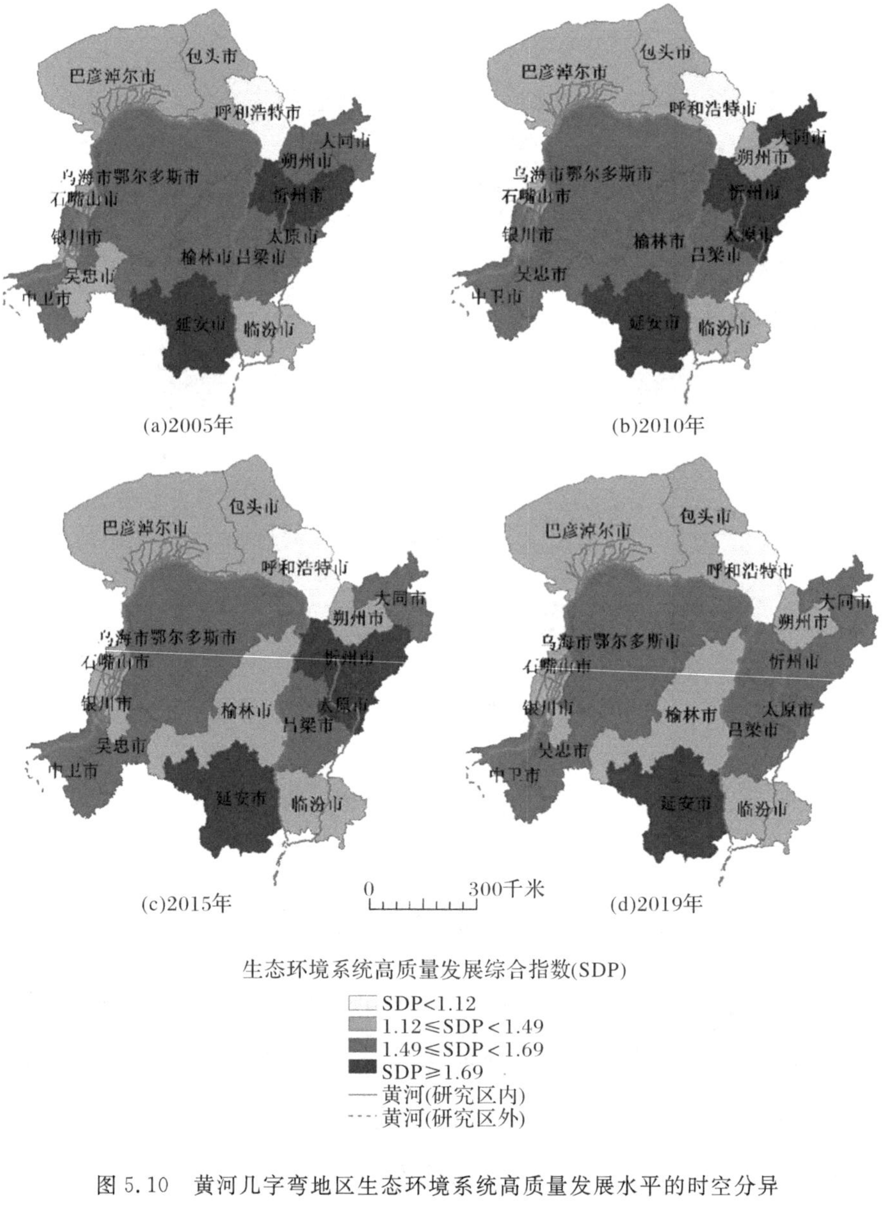

图 5.10　黄河几字弯地区生态环境系统高质量发展水平的时空分异

5.3.5　基于生态环境系统质量的城市分类

明确的分工和高效的协作往往能使区域功能得到充分发挥，从而达到事半功倍的效果。客观认识制约不同类型城市发展的生态因素，对于定位城市功能，合理完善生态系统服务至关重要。以 2019 年为例，本书采用系统聚类方法将城市的生态环境质量划分为 4 类，如表 5.4 所示。

表 5.4　生态环境系统质量聚类结果

类别	统计类型	样本数量	人均生态足迹	生态福祉绩效	生态承载结构	系统综合质量水平
生态环境系统低质量	平均值	2	−2.335	−1.115	−0.162	−1.609
	标准差		0.162	0.041	0.934	0.635
生态环境系统中低质量	平均值	7	0.488	0.302	−0.920	−0.230
	标准差		0.340	0.773	0.470	0.478
生态环境系统中高质量	平均值	7	0.022	−0.372	0.797	0.333
	标准差		0.498	0.398	0.574	0.531
生态环境系统高质量	平均值	1	1.103	2.714	1.187	2.492
合计	平均值	17	0.000	0.000	0.000	0.000
	标准差		1.000	1.000	1.000	1.000

类型Ⅰ:生态环境系统低质量类型

2019 年，临汾和呼和浩特属于这一类型。生态环境系统高质量发展指数(−1.609)远低于区域平均水平，这种类型城市面临严峻的生态赤字。临汾曾经被列为世界十大污染最严重的地区之一[245]，高强度的煤炭开采给临汾在环境保护和安全生产方面带来了很大的障碍。针对该类型城市，政府应该严格监督其资源利用过程，促进能源结构升级，适当提高环境税和排污费。呼和浩特作为内蒙古首府和

《全国主体功能区规划》[246]确定的重点开发区，是城市化的主战场，生态约束紧迫，在发展中需警惕城市病。

类型Ⅱ：生态环境系统高质量类型

2019年，只有延安属于这一类型。系统聚类特征表明，延安的生态环境系统高质量发展指数(2.492)远高于平均值。延安处于生态盈余状态，生态承载结构和生态福祉绩效表现较好。延安退耕还林政策的实施，导致了耕地面积的减少。研究时段内，延安的耕地生态足迹呈下降趋势。这一方面可能是由于留下来的耕地生产力的提高和农田保护政策的实施，另一方面可能是由于生活水平的提高改变了延安市人们的饮食结构，肉、蛋、奶的消费取代了部分粮食消费，导致农产品足迹减少。这反映了政策执行和经济发展对生态环境系统的影响。

类型Ⅲ：生态环境系统中低质量类型

2019年，这一类型包括吴忠、中卫、乌海、银川、朔州、巴彦淖尔和石嘴山7个城市。聚类特征显示，这类型城市的生态环境系统高质量发展指数(−0.230)略低于区域平均水平，生态承载结构不平衡。除朔州外，其余城市均位于几字弯地区西部。不平衡的生态承载结构对封闭的城市生态环境系统而言是灾难性的，而在区域一体化和协同发展下，这种劣势可以通过城市间的交流来消除，甚至可以成为区域分工和跨区域合作的有效推动力。因此，这类型城市应积极探索合作机制，践行产业分工，扬长避短。同时，应建立和完善资源交换体系，特别是交通网络和信息交换网络。

类型Ⅳ：生态环境系统中高质量类型

2019年，这一类型包括包头、榆林、鄂尔多斯、大同、吕梁、忻州和太原7个城市。聚类特征表明，这类型城市的生态环境系统高质量发展指数(0.333)高于平均水平,而生态福祉绩效较低。从空间分布上看,上述城市主要集中在呼包鄂榆城市群和太原城市群。这些城市可以分为两类,一类是以太原、鄂尔多斯、榆林、包头为代表的经济发达城市,其 2019 年 GDP 超过 3500 亿元,另一类是以大同、吕梁和忻州为代表的相对落后的地区。从投入产出分析的角度看,第一类城市凭借其行政地位和资源储备,在大量自然资本投入的基础上实现了人造资本的积累。值得注意的是,环境污染和生态危机是伴随期望产出而产生的非期望产出,一味追求 GDP 增长而忽视不良产出的发展是不可持续的。目前,自然资本已经取代人工资本成为人类福祉的主要限制因素[247],这种类型的城市迫切需要改善生态福祉绩效。第二类的大同、吕梁和忻州都是成熟型资源城市,这类型城市应优先培育新产业、发展替代产业,同时在承接产业转移和吸引外资时,应优先发展低污染、低能耗的轻工业。

在几字弯地区 11 个资源型城市中,包头是唯一一个通过推进老工矿区搬迁改造和坑道综合整治而摆脱对资源型产业依赖,成为生态环境中高质量的再生型资源城市。对于这类型城市,政府应引导其创新发展,推动高质量发展,建立可持续发展的长效机制。几字弯地区的衰退型资源城市包括乌海和石嘴山,它们的经济发展道路没有摆脱单一的产业结构,在 2019 年时生态环境系统属于中高质量等级。衰退的资源型城市应加快转型,尽快发展替代产业。成熟型的资源城市意味着资源供应稳定,转型相对成功。几字弯地区除临汾外的所有成熟型资源城市,都属于生态环境系统中高质量类型,这类型城市需要把重点放在延长产业链和内化环境成本上。几字弯地区的发展型资源城市包括朔州、鄂尔多斯、延安和榆林。虽然这类型城市的主导产业都是资源型产业,但其自身经济发展水平和生态系统发展质量差异明显。这类型城市应提高资源开发的准入门槛，在转型过程中根据自己的核心矛盾制定发展战略。

5.4 本章小结

基于生态承载力的空间异质性，本章构建了生态环境系统发展质量“数量-效率-结构”评价体系，具体从施压和承压的角度来分析生态供需水平的平衡，从生态投入和发展产出的角度评价生态福祉绩效，从生态承载结构的多样性角度来表征承载力的稳定性。在上述研究的基础上，本章以几字弯地区作为实证对象，并根据评价结果对城市进行分类，提出了相应的发展建议。

研究结论显示，几字弯地区的生态环境系统质量在南部优于北部，东部优于西部，并形成一定的空间集聚。从生态供需维度来看，几字弯地区东部和西部不如中部地区关系紧张；从生态福祉绩效来看，宁夏沿黄城市群和太原城市群优于呼包鄂榆城市群；从生态承载结构来看，几字弯地区南部的生态承载结构优于北部，东部优于西部。几字弯地区的 17 个城市可以分为生态环境高质量、生态环境中高质量、生态环境中低质量和生态环境低质量四种类型。整体看来，属于高质量和低质量类型的城市很少，绝大多数城市处于中等水平。以 2019 年为例，宁夏沿黄城市群的城市都是生态环境中低质量类型，而呼包鄂榆城市群和太原城市群的大部分城市的生态环境都属于中高质量类型。从资源型城市的生态质量分异来看，几字弯地区内再生型资源城市的生态环境属于中高质量，衰退型资源城市属于中低质量，除临汾外的所有成熟型资源城市都属于中高质量，而发展型资源城市的生态环境质量差异较大。

第 6 章

产业生态系统共生模式与共生体发展质量评价

基于产业经济系统高质量发展指数和生态环境系统高质量发展指数，本章采用灰色 LV 模型识别产业生态系统中的共生模式，并借鉴现有研究的方法计算共生体的综合发展指数。

6.1 产业生态系统共生模式评价

公式(2.1)可以变形为

$$\begin{cases}\dfrac{\mathrm{d}I}{\mathrm{d}t} = F_1(I,E) = I(a_0 + a_1 I + a_2 E) \\ \dfrac{\mathrm{d}E}{\mathrm{d}t} = F_2(I,E) = E(b_0 + b_1 I + b_2 E)\end{cases} \tag{6.1}$$

本书利用灰色理论中灰导数与偶对数的映射关系对数据进行离散化。$\dfrac{\mathrm{d}I}{\mathrm{d}t}$、$\dfrac{\mathrm{d}E}{\mathrm{d}t}$分别构成偶对数$(I_{(t+1)},I_{(t)})$、$(E_{(t+1)},E_{(t)})$的映射关系。取 t 年的背景值$\dfrac{I_{(t+1)}+I_{(t)}}{2}$、$\dfrac{E_{(t+1)}+E_{(t)}}{2}$，则公式(6.1)可表示为

$$\begin{cases}I_{(t+1)} - I_{(t)} = a_0\,\dfrac{I_{(t+1)}+I_{(t)}}{2} + a_1\left[\dfrac{I_{(t+1)}+I_{(t)}}{2}\right]^2 + \\ \qquad a_2\,\dfrac{I_{(t+1)}+I_{(t)}}{2}\,\dfrac{E_{(t+1)}+E_{(t)}}{2} \\ E_{(t+1)} - E_{(t)} = b_0\,\dfrac{E_{(t+1)}+E_{(t)}}{2} + b_2\left[\dfrac{E_{(t+1)}+E_{(t)}}{2}\right]^2 + \\ \qquad b_1\,\dfrac{E_{(t+1)}+E_{(t)}}{2}\,\dfrac{I_{(t+1)}+I_{(t)}}{2}\end{cases} \tag{6.2}$$

将 $t=1,2,\cdots,n-1$ 时的数据代入上式，对产业经济系统共生单元而言，可以得到矩阵方程：

$$\boldsymbol{Y}_1 = \boldsymbol{B}_1\boldsymbol{A}_1 \tag{6.3}$$

其中

$$\boldsymbol{Y}_1=[I_2-I_1,I_3-I_2,\cdots,I_n-I_{n-1}]^{\mathrm{T}}$$

$$\boldsymbol{B}_1 = \begin{bmatrix} \frac{I_1+I_2}{2} & \left(\frac{I_1+I_2}{2}\right)^2 & \left(\frac{I_1+I_2}{2}\right) & \left(\frac{E_1+E_2}{2}\right) \\ \frac{I_2+I_3}{2} & \left(\frac{I_2+I_3}{2}\right)^2 & \left(\frac{I_2+I_3}{2}\right) & \left(\frac{E_2+E_3}{2}\right) \\ \vdots & \vdots & \vdots & \vdots \\ \frac{I_{n-1}+I_n}{2} & \left(\frac{I_{n-1}+I_n}{2}\right)^2 & \left(\frac{I_{n-1}+I_n}{2}\right) & \left(\frac{E_{n-1}+E_n}{2}\right) \end{bmatrix} \tag{6.4}$$

$$\boldsymbol{A}_1 = [a_0, a_1, a_2]^{\mathrm{T}} = (\boldsymbol{B}_1^{\mathrm{T}}\boldsymbol{B}_1)^{-1}\boldsymbol{B}_1^{\mathrm{T}}\boldsymbol{Y}_1 \tag{6.5}$$

比较公式(2.1)和(6.1)可得，产业经济系统质量水平的自然增长率 $r_1 = a_0$，环境容纳量 $K_1 = -\frac{a_0}{a_1}$，生态环境系统对其的作用系数 $\theta_1 = -\frac{a_2}{a_1}$。同理，可得 $r_2 = b_0$，$K_2 = -\frac{b_0}{b_2}$，$\theta_2 = -\frac{b_1}{b_2}$。

6.2　产业生态系统共生体发展质量评价

为了体现产业经济系统和生态环境系统两个共生单元的综合发展质量，本章参照 Yu[248] 的方法，构建产业生态系统共生体的综合发展质量指数 SSI，以衡量特定时空下共生单元的综合质量水平。由于共生单元的高质量发展指数均大于零，则 SSI 指数的值越大，说明共生体的综合质量水平越高。

$$\mathrm{SSI} = \sqrt{\mathrm{ESI}(t)^2 + \mathrm{ISI}(t)^2} \tag{6.6}$$

公式(6.6)中，ESI 代表生态环境系统高质量发展指数，ISI 代表产业经济系统高质量发展指数，SSI 代表产业生态复合系统的综合质量。

在利用自然断裂点分级法对产业经济系统和生态环境系统的发展质量进行分级后，本书根据以下标准确定共生体的综合质量等级：如果两个共生单元的质量等级都为高质量等级，则共生体属于高质量等级；如果两个共生单元的质量等级中有一个为低质量等级，则共生体属于低质量等级；其余情形为中等质量等级。

6.3 黄河几字弯地区产业生态共生模式表现

通过矩阵方程求解微分方程组，设定 N 为方程个数，M 为未知量个数。当 $M=N$ 时，为方程组求解，此时矩阵为逆矩阵，可求解；当 $N>M$ 时，方程组可以通过伪逆法、左除法，或者最小二乘法求解；当 $N<M$ 时，方程组为欠定方程组，尽管可以通过求伪逆矩阵来计算方程解，但由于信息量不完整，计算结果会存在误差。同时，考虑到共生体发展的惯性特征和共生模式演变的滞后效应，本书采用 GLV 模型，采用共生单元每三年的高质量指数求得的共生协调指数来表征中间年份的共生模式，这不仅保证了模型的计算精度，而且更好地解释了共生模式的年际变化。2006—2017 年黄河几字弯地区各城市产业生态系统共生协调指数计算结果见表 6.1。

表 6.1 2006—2017 年黄河几字弯地区各城市产业生态系统共生协调指数

城市	2006 年	2007 年	2008 年	2009 年	2010 年	2011 年	2012 年	2013 年	2014 年	2015 年	2016 年	2017 年
巴彦淖尔	−1.40	−1.38	−1.16	0.94	−0.51	1.13	1.02	1.08	1.03	−1.03	1.00	1.02
包头	−1.00	−1.00	−0.98	1.18	1.38	1.22	1.00	−1.00	−0.82	0.76	1.13	1.14
鄂尔多斯	−1.13	1.00	1.01	1.00	−1.00	1.37	−1.08	0.90	−1.00	1.01	1.03	1.04
呼和浩特	1.41	−1.00	1.01	0.97	−1.04	−1.04	−1.04	−1.09	0.79	1.20	1.04	0.64
乌海	−0.59	1.37	1.03	0.76	−1.04	−1.00	−0.84	−0.99	1.10	1.15	1.22	−1.30
石嘴山	−1.38	0.97	1.00	−1.10	0.34	−1.31	1.00	−0.98	−1.03	−1.02	−1.28	−1.21
吴忠	−1.00	−0.84	−1.34	−1.36	−1.36	−1.09	0.97	−0.94	−1.37	−0.89	1.22	0.26
银川	1.00	1.04	1.21	1.07	1.14	1.27	0.45	−1.09	1.41	1.05	−1.24	0.60
中卫	0.99	−1.09	0.83	1.34	1.12	−1.04	−1.02	−1.15	−1.28	0.99	1.10	0.98
大同	−1.02	1.39	1.24	−1.07	−1.35	−1.00	1.28	1.08	0.79	−1.21	−1.00	−1.00
临汾	1.00	−0.92	−1.03	−1.08	1.07	0.42	−1.41	−1.25	−1.00	−1.28	−1.29	1.16

续表

城市	2006 年	2007 年	2008 年	2009 年	2010 年	2011 年	2012 年	2013 年	2014 年	2015 年	2016 年	2017 年
吕梁	1.00	−1.03	−1.03	−1.00	−1.01	−1.10	−1.02	−1.02	−1.05	1.07	−1.05	1.05
朔州	−1.08	0.98	−0.98	−1.32	−1.20	0.42	0.99	1.39	−0.89	1.00	−1.14	−1.09
太原	−0.48	0.96	1.23	1.21	1.31	0.99	−0.90	1.35	1.17	1.34	1.00	1.29
忻州	−1.00	1.28	0.12	−1.36	1.16	1.34	1.01	−0.99	0.58	1.28	0.91	−1.02
延安	1.04	1.39	1.37	1.20	−1.04	0.19	−1.18	1.04	1.18	1.19	−1.20	0.89
榆林	0.93	0.79	0.85	−0.64	0.77	−1.13	1.21	1.03	−1.39	−1.05	−1.33	−1.41

由于共生协调指数 C 越大越好，并且不同的取值区间代表不同的共生模式，因此共生模式是可以分级的。本书定义互利共生模式为高水平等级（$C \geqslant 1$）、偏利共生为中水平等级（$-1 < C < 1$）、竞争互害为低水平等级（$C \leqslant -1$）。本书根据表 6.1 计算求得的共生协调指数划分的共生模式等级见表 6.2。

表 6.2　2006—2017 年黄河几字弯地区各城市产业生态系统共生模式等级

城市	2006 年	2007 年	2008 年	2009 年	2010 年	2011 年	2012 年	2013 年	2014 年	2015 年	2016 年	2017 年
巴彦淖尔	低	低	低	中	中	高	高	高	高	低	中	高
包头	低	低	中	高	高	高	中	中	中	中	高	高
鄂尔多斯	低	中	高	中	中	高	低	中	低	高	高	高
呼和浩特	高	低	高	中	低	低	低	低	中	高	高	中
乌海	中	高	高	中	低	低	中	中	高	高	高	低
石嘴山	低	中	中	低	中	低	高	中	低	低	低	低
吴忠	低	中	低	低	低	低	中	中	低	中	高	中
银川	高	高	高	高	高	高	中	低	高	高	低	中
中卫	中	低	中	高	高	低	低	低	低	中	高	中
大同	低	高	高	低	低	中	高	高	中	低	低	中
临汾	高	中	低	低	高	中	低	低	低	低	低	高
吕梁	高	低	低	低	低	低	低	低	低	高	低	高

续表

城市	2006 年	2007 年	2008 年	2009 年	2010 年	2011 年	2012 年	2013 年	2014 年	2015 年	2016 年	2017 年
朔州	低	中	中	低	低	中	中	高	中	中	低	低
太原	中	中	高	高	高	中	中	高	高	高	高	高
忻州	中	高	中	低	高	高	高	中	中	高	中	低
延安	高	高	高	高	低	中	低	高	高	高	低	中
榆林	中	中	中	中	中	低	高	高	低	低	低	低

本书的研究时序相对于整个产业生态系统发展来说是小样本事件，故而测度期内的共生协调指数变化不具有规律性。2005—2019 年，几字弯地区的 17 个城市都经历过产业与生态的互利共生（高等级），尽管维持的时间长短不一，但都体现了产业生态化的过程。

以 2005—2019 年 15 年为计算周期，本书还评价了各城市共生模式的平均水平。如表 6.3 所示，巴彦淖尔、包头、乌海、银川、朔州、太原和延安的产业经济系统发展与生态环境系统发展相互促进、互利共生。鄂尔多斯、中卫、吕梁和忻州的共生关系属于经济受益的单害模式：如果将发展重心放在产业经济增长上，则生态环境会受到较小的冲击；但是，如果专注于生态环境质量提升，则会带动产业经济的高质量发展。因此，这类型城市的发展应聚焦生态环境的高质量转型，在提升生态质量的同时通过共生作用带动产业转型。石嘴山、大同、临汾的共生模式属于生态受益的单害模式：产业经济系统发展有利于优化生态环境，而专注生态改善会抑制产业经济发展。因此，这类型城市的发展重点应为产业经济的高质量转型，在促进经济增长的同时通过共生作用带动生态文明建设。

表 6.3　2005—2019 年黄河几字弯地区各城市产业经济系统与生态环境系统的共生模式

城市	产业经济系统受力指数	生态环境系统受力指数	共生协调指数	解释	共生模式
巴彦淖尔	1.631	0.307	1.168	系统间相互促进,共同获利	互利共生
包头	21.963	3.001	1.126	系统间相互促进,共同获利	互利共生
鄂尔多斯	7.957	−0.423	0.945	生态环境系统受弱害,产业经济系统受强利	生态环境系统发展受限
呼和浩特	−8.636	−0.005	−1.001	系统间相互阻碍,共同受害	互害竞争
乌海	3.647	0.427	1.109	系统间相互促进,共同获利	互利共生
石嘴山	−0.650	4.365	0.842	生态环境系统受强利,产业经济系统受弱害	产业经济系统发展受限
吴忠	−0.718	−8.871	−1.077	系统间相互阻碍,共同受害	互害竞争
银川	1.076	6.985	1.141	系统间相互促进,共同获利	互利共生
中卫	18.466	−1.599	0.910	生态环境系统受弱害,产业经济系统受强利	生态环境系统发展受限
大同	−1.629	1.972	0.134	生态环境系统受强利,产业经济系统受弱害	产业经济系统发展受限
临汾	−33.086	0.038	−0.999	生态环境系统受弱利,产业经济系统受强害	产业经济系统发展受限
吕梁	10.006	−0.218	0.978	生态环境系统受弱害,产业经济系统受强利	生态环境系统发展受限
朔州	2.493	0.488	1.174	系统间相互促进,共同获利	互利共生
太原	1.241	0.865	1.392	系统间相互促进,共同获利	互利共生

续表

城市	产业经济系统受力指数	生态环境系统受力指数	共生协调指数	解释	共生模式
忻州	2.325	−0.440	0.797	生态环境系统受弱害，产业经济系统受强利	生态环境系统发展受限
延安	2.822	11.655	1.207	系统间相互促进，共同获利	互利共生
榆林	−5.116	−0.828	−1.147	系统间相互阻碍，共同受害	互害竞争

几字弯地区还有很多城市没有摆脱生态与产业经济相互损耗的态势。呼和浩特、吴忠和榆林的共生模式就属于互害竞争。这种情况下，加大自然资本利用强度只会单方面促进产业经济发展，不会对生态环境质量形成联动带动作用；增加生态环境建设投入只会单方面助力生态环境质量提升，不会对产业经济形成正反馈作用。也就是说，单独发展产业经济或者生态环境均会造成对方发展缓慢。根据呼和浩特、吴忠和榆林自身的产业经济与生态环境发展质量可以发现，生态环境质量是实现共生模式从竞争互害转向偏利共生、互利共生的重要基础，因此，呼和浩特、吴忠和榆林应秉承“生态优先”的准则，在摆脱互害竞争模式后再进行进一步的发展规划。

共生协调指数反映了几字弯地区产业经济系统和生态环境系统间的互动关系。几字弯地区的产业发展与生态建设尚停留在孤立发展或相互制约的阶段，整体而言，几字弯地区产业经济系统与生态环境系统的演进还无法突破二者非共生的阶段，以牺牲生态环境而实现产业发展的情况普遍存在，生态环境未能有效支撑起地区的产业经济发展。

6.4　黄河几字弯地区产业生态共生体发展质量表现

本书根据公式(6.6)计算产业生态系统共生体质量的变化(见图6.1),可见,几字弯地区共生体综合质量总体呈上升的趋势,其中2008年和2013年的回落可能与金融危机与国内经济增速放缓有关。

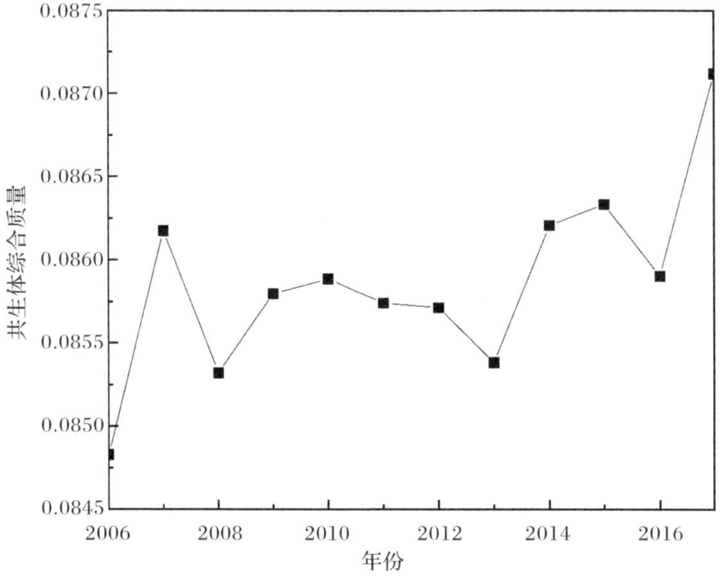

图 6.1　2006—2017 年黄河几字弯地区产业生态系统共生体质量的发展轨迹

根据共生体综合质量等级的划分原则,本书发现在2006—2017年间,几字弯地区产业生态共生体多年维持低质量的城市包括呼和浩特、石嘴山、包头、榆林和临汾,多年保持中等质量的城市包括鄂尔多斯、乌海、大同和银川,多年维持高等质量的城市只有太原(见表6.4)。

从等级变化情况来看,朔州的共生体质量等级下降明显。基于"先矿后城"的发展特点,朔州市存在着可持续发展动力不足,产业结构和结构调整对外依赖性强,城市功能不完善等短板。朔州应该充分发挥特色资源优势，调整产业结构，促进产业多样化，汲取矿竭城衰的教训，摆脱路径依赖。

表 6.4　2006—2017 年黄河几字弯地区各城市产业生态系统共生体质量等级

城市	2006 年	2007 年	2008 年	2009 年	2010 年	2011 年	2012 年	2013 年	2014 年	2015 年	2016 年	2017 年
巴彦淖尔	中	中	中	中	低	中	中	低	低	低	低	中
包头	低	低	低	低	低	低	低	低	低	低	中	低
鄂尔多斯	中	中	中	中	中	中	中	中	中	中	中	中
呼和浩特	低	低	低	低	低	低	低	低	低	低	低	低
乌海	中	中	中	中	中	中	中	中	中	中	中	中
石嘴山	低	低	低	低	低	低	低	低	低	低	低	低
吴忠	中	低	低	中	低	低	低	中	中	低	低	中
银川	中	中	中	中	中	中	中	中	中	中	中	低
中卫	中	低	低	中	低	低	低	中	中	低	低	低
大同	中	中	中	中	中	中	中	中	中	中	中	中
临汾	低	低	低	中	低	中	低	中	低	低	低	低
吕梁	低	中	低	低	中	中	中	中	低	低	中	低
朔州	中	中	中	中	中	低	低	低	低	低	低	低
太原	中	中	中	高	高	高	高	高	高	高	高	高
忻州	中	低	中	中	中	中	低	中	中	中	低	低
延安	高	高	高	中	中	中	中	低	低	低	中	低
榆林	低	低	低	低	低	低	低	低	中	中	低	低

6.5　本章小结

几字弯地区产业生态系统共生体的综合质量在 2005—2019 年呈上升的趋势。从城市质量分异来看，共生体综合质量常年维持低水平的城市有呼和浩特、石嘴山、包头、榆林和临汾；常年维持中等水平的城市有鄂尔多斯、乌海、大同和银川；常年维持在高等水平的城市只有太原。从共生体质量等级变化情况来看，朔州和延安的产业生态共生体的质量等级有所下降，而太原的等级所有上升。

本章利用 GLV 模型分析产业经济系统和生态环境系统的互动模式。计算结果显示，几字弯地区产业经济系统与生态环境系统的演进还无法突破二者非共生的阶段，以牺牲生态环境而实现产业发展的情况还普遍存在，生态环境未能有效支撑起地区的产业经济发展。具体看来，巴彦淖尔、包头、乌海、银川、朔州、太原和延安的产业经济系统发展与生态环境系统发展相互促进、互利共生；鄂尔多斯、中卫、吕梁和忻州的共生关系属于经济受益的单害模式，这类型城市的发展应关注生态环境的高质量转型，在提升生态质量的同时通过共生作用带动产业转型；石嘴山、大同、临汾的共生模式属于生态受益的单害模式，这类型城市的发展重点应为产业经济的高质量转型，在促进经济增长的同时通过共生作用带动生态文明建设；呼和浩特、吴忠和榆林的共生模式属于互害竞争，这类城市应秉承“生态优先”的准则，在摆脱互害竞争模式后再进行进一步的发展规划。

第7章

共生环境可持续发展评价

7.1 可持续发展评价框架

可持续发展包括以下两条原则：一是人类的发展不能逾越生态环境系统的承载上限；二是人类具有平等的选择权利，包括代际的公平、同代之间的横向公平及人类与其他物种的公平。我们研究几字弯地区可持续发展水平是作为几字弯地区产业经济系统与生态环境系统的共生环境来考量的，这其中包括了影响共生单元与共生模式的所有外部环境、共生界面和共生基质。考虑到自然资本是产业经济系统和生态环境系统发展和交流的重要媒介[249]，本章拟从自然资本的角度来对共生环境进行评价。从这个角度来看，阻碍区域可持续发展的最根本的矛盾就是产业经济系统对自然资本的无限需求与生态环境系统对自然资本的有限供给。

Pearce 和 Turner[250]首先提出了自然资本的概念。Daly[251]将这一概念定义为能够在现在和未来提供有价值的商品和服务的自然资源和环境资产存量。Wackernagel 和 Rees[140]首先将生态足迹模型应用到自然资本的定量测度和对人类活动的影响评价中。尽管现有研究中针对生态足迹的模型有诸多改进，包括本书在第 5 章中的改进内容，但评价的重点仍然关注在生态赤字或者生态盈余上，而生态盈余有可能是通过消耗自然资本存量来维持的，即出现了伪可持续的现象。

Niccolucci 等[252]提出了一种与传统方法相比具有明显优势的三维生态足迹模型：从理论上讲，三维生态足迹模型实现了自然资本的分类，将自然资本存量的减少作为判断可持续的标准；从方法上来看，三维生态足迹是足迹深度和足迹广度相乘得到的物理量，这种处理方法实现了生态足迹模型在纵向评价中的运用；从结果上来看，生态足迹的广度和深度研究可以反映代内公平和代际正义。现有关于自然资本的研究主要集中在量化资本利用、开展政策分析和设计发展战略上[253]。三维生态足迹模型强调自然资本存量在维持可持续生态系统中的重要作用,为基于自然资本利用的可持续评价提供了一个新的视角。由于自然资本具有稀缺性的特征,因此,自然资本的不均匀配置会造成环境治理的失败,引发污染转移和社会动荡,不利于区域可持续发展。基尼系数被广泛用于评价资源配置的公平性,如 Druckman 和 Jackson[254]采用基尼系数来衡量资源消耗的不公平性,Shu 和 Xiong[255]采用基尼系数来衡量生态承载力空间分布的不均匀性,Chen 等[256]利用基尼系数讨论了 1997—2014 年中国能源消费 CO_2 排放的空间不均衡。因此,可持续发展评价可以从自然资本利用规模和配置公平的角度展开。

对区域的可持续发展评价不仅需要关注自然资本的利用和分配,同时还需要考虑到可持续背景下区域发展的民生导向及代际公平的思想。民生导向思想可以通过自然资本对人类福祉的产出效益来反映,代际公平思想可以通过自然资本的供给潜力来反映。因此,可持续发展评价还需要考虑到自然资本的产出效益和供给潜力。

自然资本不仅需要考虑在不同人口、不同消费和不同经济水平之间的公平分配,还需要考虑自然资本在社会、经济、生态领域中发挥功能的安全性,以实现经济、社会和生态效益的协调性。例如,以自然资本作为研究的切入点,彭飞等[257]构建脆弱性指数和协调指数来评价海洋的可持续性水平,Yang 和 Cai[223]构建生态压力指数和生态经济协调指数来表征社会、生态和经济的协调发展。因此,可持续发展评价还需要考虑到自然资本发挥功能的安全性和实现效益的协调性。

综上所述,本章分别从自然资本利用规模和分配公平、自然资本产出效益和供给潜力,以及自然资本功能安全和实现效益协调的维度出发，构建区域可持续发展的S-E-C评价框架(见图7.1)，并采用全排列多边形图示法对共生环境的可持续发展水平进行了综合评价。

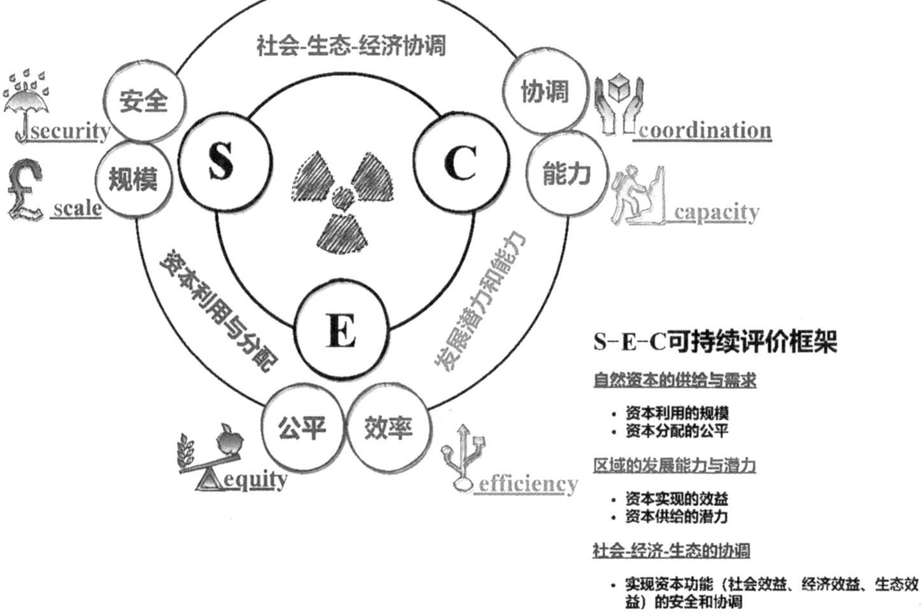

图7.1　共生环境可持续发展评价框架

7.2　可持续发展评价模型与指标

基于改进的生态足迹模型，本章采用三维生态足迹模型构建S-E-C评价框架，主要包括以下三个方面：生态供需过程中的自然资本利用规模和配置公平评价、自然资本产出效率和供给潜力评价，以及自然资本功能安全和效益协调评价。具体来看：对利用规模(scale)的评价是通过计算生态足迹深度和生态足迹广度来实现的，这两者分别代表着自然资本存量和自然资本流量的利用情况；对配置公平(equity)的分析是基于生态足迹广度基尼系数的计算来实现的；对产出效率(efficiency)的评估是通过比较人类福祉和自然资本存量占用的关系来实现的；对自然资本供给潜力(capacity)的评估是采用 Ulanowicz 公式计算的；区域协调指数和生态压力指数被用来表征自然资本功能安全(security)和效益协调(coordination)水平。最后，本书通过全排列多边形图示法来计算共生环境可持续发展水平。

7.2.1 自然资本利用规模指标

生态足迹广度和生态足迹深度计算如下[258]：

$$\mathrm{EF_{depth}} = 1 + \frac{\mathrm{ED}}{\mathrm{EC}} = 1 + \frac{\sum_i \mathrm{ED}_i}{\mathrm{EC}} = 1 + \frac{\sum_i \max(\mathrm{EF}_i - \mathrm{EC}_i, 0)}{\mathrm{EC}}$$

$$\mathrm{EF_{size}} = \sum_i \min(\mathrm{EF}_i, \mathrm{EC}_i)$$

$$\mathrm{EF_{3D}} = \mathrm{EF_{depth}} \times \mathrm{EF_{zize}} \tag{7.1}$$

其中，$\mathrm{EF_{3D}}$表征三维生态足迹；$\mathrm{EF_{depth}}$为生态足迹深度；$\mathrm{EF_{size}}$表示生态足迹广度；EC 为生态承载力；ED 为生态赤字。为了描述生态足迹深度处于原长时人类对资本流量的占用情况，本书引入了资本流量的占用率 $\mathrm{OR_{flow}}$[259]，见公式(7.2)。

$$\mathrm{OR_{flow}} = \frac{\mathrm{EF_{zize}}}{\mathrm{EC}} \times 100\%, \quad \mathrm{EF} \leqslant \mathrm{EC} \tag{7.2}$$

当自然资本存量开始被消耗时，本书采用存量流量利用比来表征自然资本存量与流量的关系[260]，见公式(7.3)。

$$\mathrm{UR_{flow}^{atock}} = \frac{\mathrm{EF} - \mathrm{EF_{size}}}{\mathrm{EF_{size}}} = \frac{\mathrm{ED}}{\mathrm{EC}} = \mathrm{EF_{depth}} - 1, \quad \mathrm{EF} > \mathrm{EC} \tag{7.3}$$

7.2.2 自然资本分配公平指标

生态足迹广度基尼系数可以用来描述一个地区内自然资本流量占有的不公平程度[258]。本书分别计算基于人口、GDP 和水资源的自然资本流量占用公平性，并通过等权重的以上三个基尼系数来综合评价自然资本分配的公平性[261]，见公式(7.4)。

$$
\begin{aligned}
G_{\text{pop}} &= 2\sum_{i}^{n}\left(\lambda_{\text{EF}_{\text{size},i}} \times \sum_{i}^{n}\lambda_{\text{pop},i}\right) - \sum_{i}^{n}\left(\lambda_{\text{EF}_{\text{size},i}} \times \lambda_{\text{pop},i}\right) - 1 \\
G_{\text{GDP}} &= 2\sum_{i}^{n}\left(\lambda_{\text{EF}_{\text{size},i}} \times \sum_{i}^{n}\lambda_{\text{GDP},i}\right) - \sum_{i}^{n}\left(\lambda_{\text{EF}_{\text{size},i}} \times \lambda_{\text{GDP},i}\right) - 1 \\
G_{\text{water}} &= 2\sum_{i}^{n}\left(\lambda_{\text{EF}_{\text{size},i}} \times \sum_{i}^{n}\lambda_{\text{water},i}\right) - \sum_{i}^{n}\left(\lambda_{\text{EF}_{\text{size},i}} \times \lambda_{\text{water},i}\right) - 1 \\
G_{\text{comprehanaivo}} &= \frac{(G_{\text{pop}} + G_{\text{GDP}} + G_{\text{water}})}{3}, \quad 0 \leqslant G_{\text{EF}_{\text{size}}} \leqslant 1
\end{aligned}
\tag{7.4}
$$

其中，G 代表生态足迹广度基尼系数；$\lambda_{\text{EF}_{\text{size},i}}$ 代表地区 i 的生态足迹广度与整个地区生态足迹广度的比例；$\lambda_{\text{pop},i}$、$\lambda_{\text{GDP},i}$ 和 $\lambda_{\text{water},i}$ 表征地区 i 的人口、GDP 和水资源占整个地区的人口、GDP 和水资源总量的比例；$\sum_{i}^{n}\lambda_{\text{pop},i}$、$\sum_{i}^{n}\lambda_{\text{GDP},i}$ 和 $\sum_{i}^{n}\lambda_{\text{water},i}$ 代表地区 1 到地区 i 的人口、GDP 和水资源占整个地区总人口、GDP 和水资源的累积比。

7.2.3 自然资本产出效率指标

参考第 5 章中生态福祉绩效的计算方法，本章引入人类发展指数与生态足迹深度的比率以表示资本存量的产出效率(EFF)[222]，见公式(7.5)。

$$
\begin{aligned}
\text{EF}^{*}_{\text{depth}} &= \frac{\text{EF}_{\text{depth}}}{\text{EF}_{\text{maxdepth}}} \\
\text{EFF} &= \frac{\text{HDI}}{\text{EF}^{*}_{\text{depth}}}
\end{aligned}
\tag{7.5}
$$

7.2.4　自然资本供给潜力指标

参考 Ulanowicz[262]提出的结构多样性与发展潜力的关系，本章将人均生态足迹(ef)与生态足迹的多样性指数(H)相乘以表征资本供给的潜力水平[263]，见公式(7.6)。

$$H=-\sum_{i=1}^{7}p_i\ln p_i \tag{7.6}$$
$$\mathrm{DCI}=\mathrm{ef}\times H$$

其中，DCI 代表资本供给潜力水平；p_i是土地类型 i 的生态足迹占总足迹的比例。

7.2.5　自然资本效益协调指标

本书参考彭飞等[257]提出的协调模型以表征自然资本实现效益的协调指数 SCI，见公式(7.7)。

$$\mathrm{SCI}=(\mathrm{EF}_{3D}+\mathrm{EC})\sqrt{(\mathrm{EF}_{3D}^2+\mathrm{EC}^2)} \tag{7.7}$$

SCI 越接近 1，协调程度就越低；SCI 越接近 1.414，协调程度就越高。

7.2.6　自然资本功能安全指标

生态环境压力指数(EPI)反映了自然资本发挥的功能安全性。本书将压力指数定义为可再生资源的三维生态足迹与生态承载力的比值，该值越低，说明生态压力越小，自然资本功能实现的安全性越高[264]，见公式(7.8)。

$$\mathrm{EPI}=\frac{\mathrm{EF}_{3D}}{\mathrm{EC}} \tag{7.8}$$

如果生态环境压力指数 EPI 大于 1，则自然资本的功能安全性较低。EPI 越低，自然资本的功能安全性越高。

7.2.7 全排列多边形图示法

本书采用全排列多边形图示法来计算区域可持续发展综合指数。作为一种多指标的综合性评价方法，该方法既可以表现指标的静态水平，也可以表征指标动态变化的趋势，从而提高评价的全面性和准确性[265-267]。

全排列多边形图示法主要经过以下步骤进行计算。首先，确定 n 个评价指标，以这些指标的上限值作为多边形的半径，从而形成一个规则的 n 边形。每个指标属性值的连线可以形成一个不规则的 n 边形，其顶点是首尾相连的指标值的全排列。总的来说，n 个指标可以形成 $(n-1)!/2$ 个不同的不规则 n 边形。因此，不规则 n 边形的面积的平均值与正 n 边形面积之比即为多指标所构成的综合指数，这里即为共生环境的可持续发展指数[268]。评价指标的归一化可以通过公式(7.9)得到。

$$S_i = \frac{(U_i - L_i)(X_i - T_i)}{(U_i + L_i - 2 \times T_i)X_i + (U_i + L_i)T_i - 2U_iL_i} \tag{7.9}$$

式中，U_i、L_i、T_i 分别代表着指标 X_i 的上限值、下限值和临界值；S_i 代表着归一化后的指标值。因此，共生环境的可持续发展指数(SDI)可以根据公式(7.10)求得。

$$\mathrm{SDI} = \frac{\sum_{i \neq j}^{i,j} (S_i + 1)(S_j + 1)}{2n(n-1)} \tag{7.10}$$

其中，S_i 和 S_j 代表不同的指标值；$i,j=1,2,\cdots,n$，且 $S_i \neq S_j$。

7.3　黄河几字弯地区的可持续发展水平

7.3.1　自然资本利用规模表现

2005 年，几字弯地区的人均生态足迹深度为 3.97。2019 年，人均生态足迹深度达到 5.16（见图 7.2）。2005—2019 年，几字弯地区 17 个城市的人均生态足迹深度平均值排序为临汾＞呼和浩特＞太原＞乌海＞包头＞石嘴山＞银川＞吕梁＞大同＞朔州＞榆林＞鄂尔多斯＞忻州＞巴彦淖尔＞吴忠＞中卫＞延安＞1（见图 7.3）。总体而言，自然资源贫乏的地区生态足迹深度较高，这些地区的化石燃料对生态赤字的贡献最大，导致受生态赤字影响的生态足迹深度增高。几字弯地区所有城市的生态足迹深度均超过 1，表明该地区以过度使用资本存量为代价来维持社会经济发展已成为普遍现象。

生态足迹广度反映了人类活动对自然资本的占用水平和自然资本的流动性。几字弯地区人均生态足迹广度变化不大，从 2005 年的人均 0.73 hm^2 下降到 2019 年的人均 0.69 hm^2（见图 7.2）。几字弯地区 17 个城市的人均足迹广度平均值排序为鄂尔多斯＞巴彦淖尔＞榆林＞吴忠＞中卫＞呼和浩特＞延安＞包头＞朔州＞忻州＞吕梁＞临汾＞大同＞石嘴山＞银川＞太原＞乌海（见图 7.3）。总的来说，自然资源禀赋好的地区人均生态足迹广度较高，这是因为它们具有相对丰富的生物容量来维持资本流量占用，而在人口稠密和资源贫乏的地区，人均生态足迹广度一般较低，自然资本流量利用受到限制。鄂尔多斯、巴彦淖尔、榆林、吴忠、中卫、呼和浩特、延安等地的生产用地相对丰富，他们的人均生态足迹广度之和占地区人均生态足迹广度之和的 65.62％，乌海、太原、银川、石嘴山、大同、临汾、吕梁等城市，由于人口密集，生物生产性土地资源贫乏，人均生态足迹广度不足 0.04 hm^2。

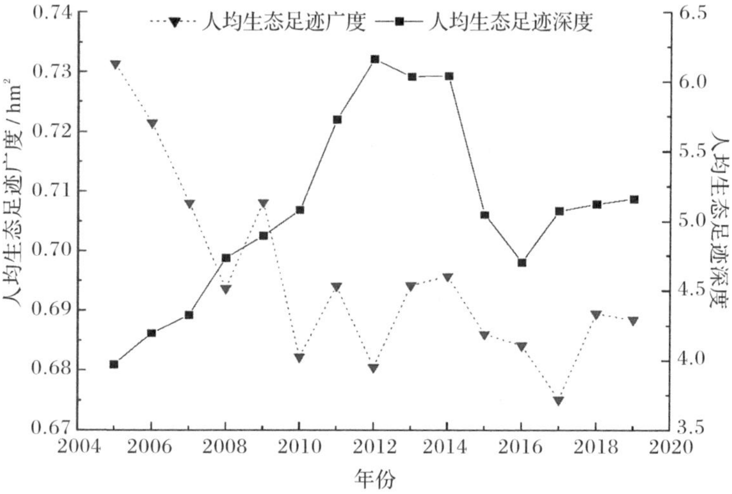

图 7.2　2005—2019 年黄河几字弯地区人均生态足迹广度和人均生态足迹深度的发展轨迹

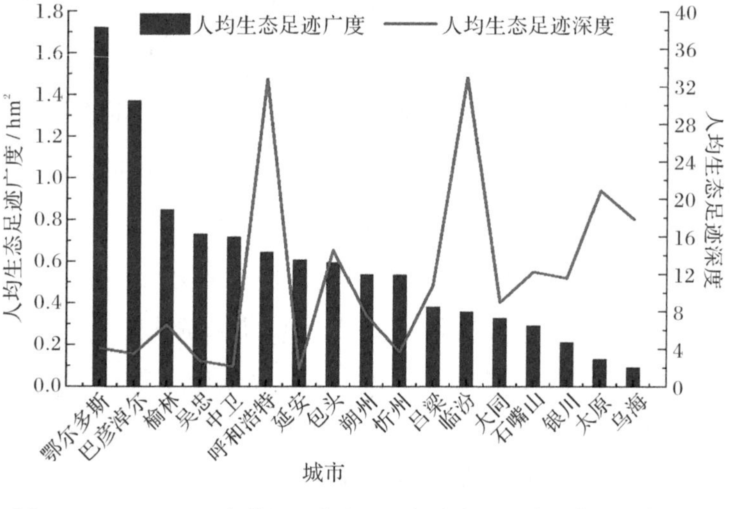

图 7.3　2005—2019 年黄河几字弯地区各城市的人均生态足迹广度和人均生态足迹深度平均水平

为了探索自然资本存量与自然资本流量之间的关系，本书对每个城市的人均生态足迹广度和生态足迹深度通过 Z-score 方法进行归一化处理，并以其中位数为基线在象限图中显示。以 2019 年为例，根据城市在象限图中的位置，可将城市分为四种类型(见图 7.4)。第一象限的城市被定义为“高强度利用型”，该类型城市特点是存量和流量的高占用，呼和浩特和包头属于这种类型；第二象限的城市属于“中度利用型”，该类型城市特点是资本流量利用低而资本存量占用高，临汾、太原、银川、乌海、吕梁、大同和朔州属于这种类型；第三象限的城市被定义为“温和利用型”，该类型城市的特征是资本流量和资本存量占用都较低，石嘴山和忻州属于这种类型；第四象限的城市被定义为“低存量占用型”，该类型城市的资本占用类型主要为自然资本流量，鄂尔多斯、延安、中卫、吴忠、榆林和巴彦淖尔属于这种类型，虽然这些城市的人均生态足迹广度相对较大，但由于资源禀赋好，存量消耗低，环境压力较小。

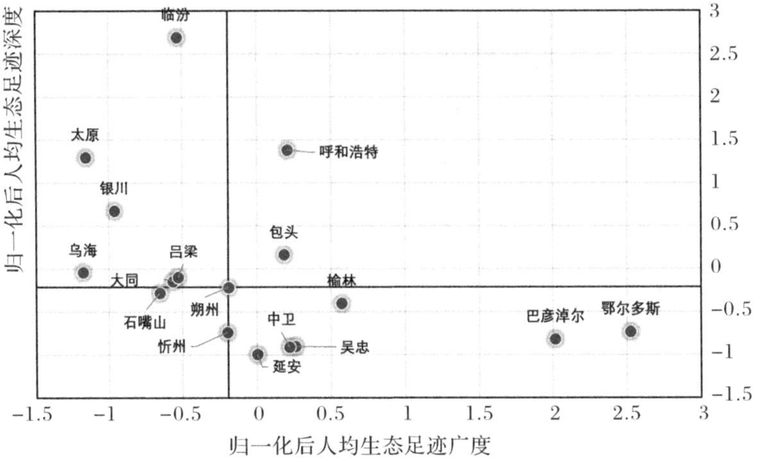

图 7.4　2005—2019 年黄河几字弯地区各城市人均生态足迹广度和人均足迹深度的象限图①

根据公式(7.2)、公式(7.3)计算可知，自然资本流量占用率较高的城市包括呼和浩特、包头、巴彦淖尔、大同、吴忠、临汾、中卫等地，流量占用率达到 85%以上，生态系统承受着巨大的压力。资本流量占用率较低的城市包括延安和乌海，占用率低于 50%。存量与流量

① 注：象限一为高强度利用型；象限二为中度利用型；象限三为温和利用型；象限四为低存量占用型。

占用比较高的城市有临汾、呼和浩特和太原，最大值可达 38.65，这些城市过度消费资本存量以弥补自然资本流量的不足，可持续性最弱。存量与流量占用比较低的城市有延安、中卫、吴忠和巴彦淖尔，它们共生环境的可持续性最强。可见，象限划分的结论与公式计算得出的结论较为一致，二者的结合提供了更加直观的信息。

7.3.2　自然资本配置公平表现

在研究期间，几字弯地区的人口贡献基尼系数相对稳定，由 2005 年的 0.23 上升至 2019 年的 0.26。经济贡献基尼系数总体呈下降趋势，表明经济发展与自然资本流量分配之间公平性不断提高。水资源贡献基尼系数超过 0.4 的警戒线，表明水资源利用与自然资本配置十分不均衡。综合基尼系数从 2005 年的 0.38 缓慢下降到 2019 年的 0.31，表明整体上几字弯地区的自然资本利用趋向公平（见图 7.5）。从省份尺度的自然资本流量基尼系数表现来看，宁夏回族自治区的综合基尼系数最高，陕西省的综合基尼系数最低。

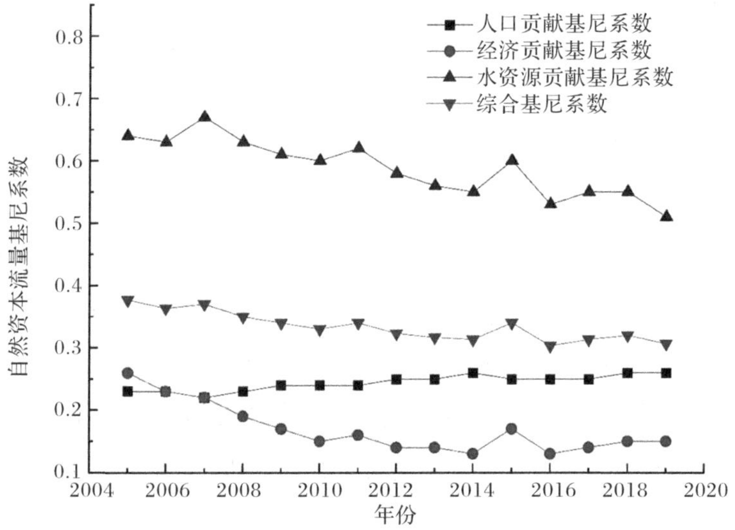

图 7.5　2005—2019 年黄河几字弯地区自然资本流量基尼系数的发展轨迹

7.3.3　自然资本产出效率和供给潜力表现

在研究期间，几字弯地区自然资本产出效率排名为延安＞中卫＞吴忠＞巴彦淖尔＞忻州＞鄂尔多斯＞榆林＞朔州＞大同＞银川＞吕梁＞石嘴山＞包头＞乌海＞太原＞呼和浩特＞临汾，排名前 4 位的城市除延安外均为非资源型城市，表明资源型城市的资本产出效率相对较低。

自然资本供给潜力排名为延安＞太原＞忻州＞中卫＞吕梁＞大同＞银川＞吴忠＞临汾＞乌海＞榆林＞朔州＞石嘴山＞巴彦淖尔＞包头＞鄂尔多斯＞呼和浩特。已知供给潜力水平是生态足迹多样性和人均生态足迹的积，因此人均生态足迹越大，多样性指数越大，供给潜力也越大。2005—2019 年，几字弯地区的自然资本供给潜力呈倒 V 形趋势：从 2005 年上升至 2014 年达到峰值，然后迅速下降（见图 7.6）。与此同时，几字弯地区的人均生态足迹也呈现类似的发展

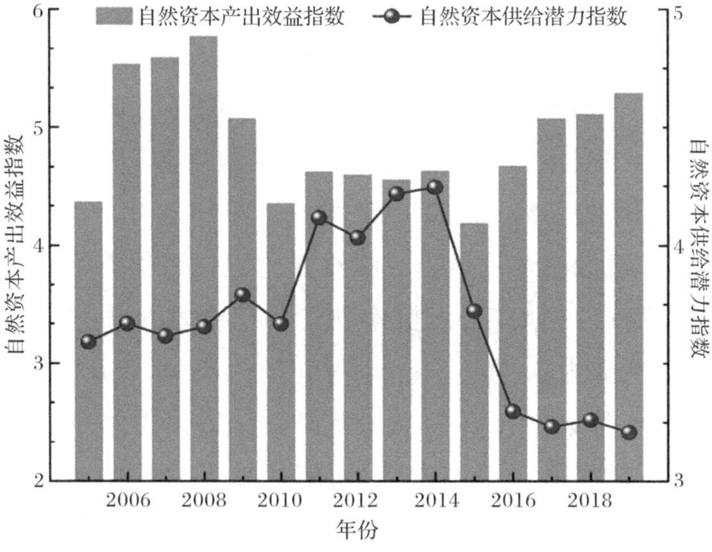

图 7.6　2005—2019 年黄河几字弯地区自然资本产出效益和供给潜力发展轨迹

趋势，而多样性指数下降，表明自然资本供给潜力的增加主要是依靠人均生态足迹的增加。由于几字弯地区大部分城市都处于生态赤字的状态，因此，提高自然资本供给潜力的可靠途径是推进生物生产性土地的多样化。

7.3.4　自然资本效益协调和功能安全表现

根据公式(7.7)和公式(7.8)分别计算表征自然资本效益协调的SCI指数和表征自然资本功能安全的生态压力EPI指数。已知SCI指数越接近1.414，协调性越高，自然资本的功能发挥越充分。计算结果显示，SCI指数从2005年的1.20下降到2014年的1.15左右后快速恢复，并在2017年以后稳定在1.17附近，研究期间呈V形趋势(见图7.7)。SCI排名如下：延安＞中卫＞吴忠＞忻州＞巴彦淖尔＞鄂尔多斯＞榆林＞朔州＞大同＞银川＞吕梁＞乌海＞石嘴山＞包头＞太原＞临汾＞呼和浩特。总体上看，几字弯地区南部的资本协调性高于北部。

2005—2019年，几字弯地区的EPI指数从2005年的1.80下降到2019年的1.25(见图7.7)，表明自然资本的安全水平从“非常不安全”提升至“相当安全”[269]。从空间分异的角度看，17个城市的生态压力指数的排序为乌海＞石嘴山＞太原＞呼和浩特＞银川＞包头＞朔州＞大同＞巴彦淖尔＞吴忠＞临汾＞中卫＞吕梁＞鄂尔多斯＞忻州＞榆林＞延安。同时，自然资本功能的安全性呈现显著的空间聚集(全局莫兰指数为0.434，Z-score＝2.796，P＝0.005)，局部莫兰指数显示高-高聚类集中在石嘴山和乌海，低-低聚类集中在延安和榆林。延安和榆林都属于陕西省，说明陕北地区的资本功能安全水平高于其他省份。另外，作为几字弯地区仅有的两个衰退型资源城市，乌海和石嘴山较高的生态压力指数可能与高能耗的经济发展方式有关。总体上，几字弯地区南部的资本功能安全性优于北部。

此外，2014 年后，几字弯地区自然资本功能的安全水平和效益的协调水平均有所上升。

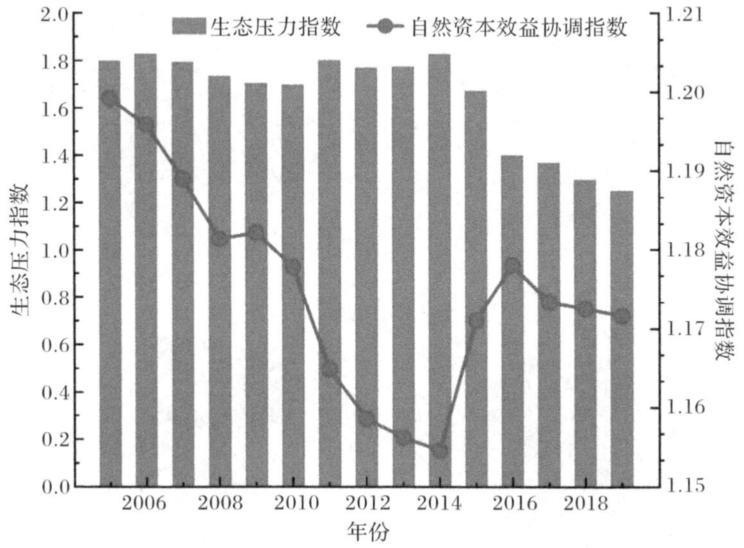

图 7.7　2005—2009 年黄河几字弯地区生态压力指数和自然资本效益协调指数的发展轨迹

7.3.5　共生环境可持续发展综合水平

2005—2019 年，几字弯地区可持续发展水平呈 W 形变化趋势，各分项指标均在临界值附近波动，资本安全水平提升明显。大部分城市的环境可持续水平较为稳定或有所改善，而临汾一直处于落后状态（见图 7.8）。从空间分异来看，几字弯地区 4 省份中陕西省表现最好，可持续水平得分稳定在 0.5 以上（见图 7.9）。几字弯地区中部的可持续水平明显较高，南部优于北部。

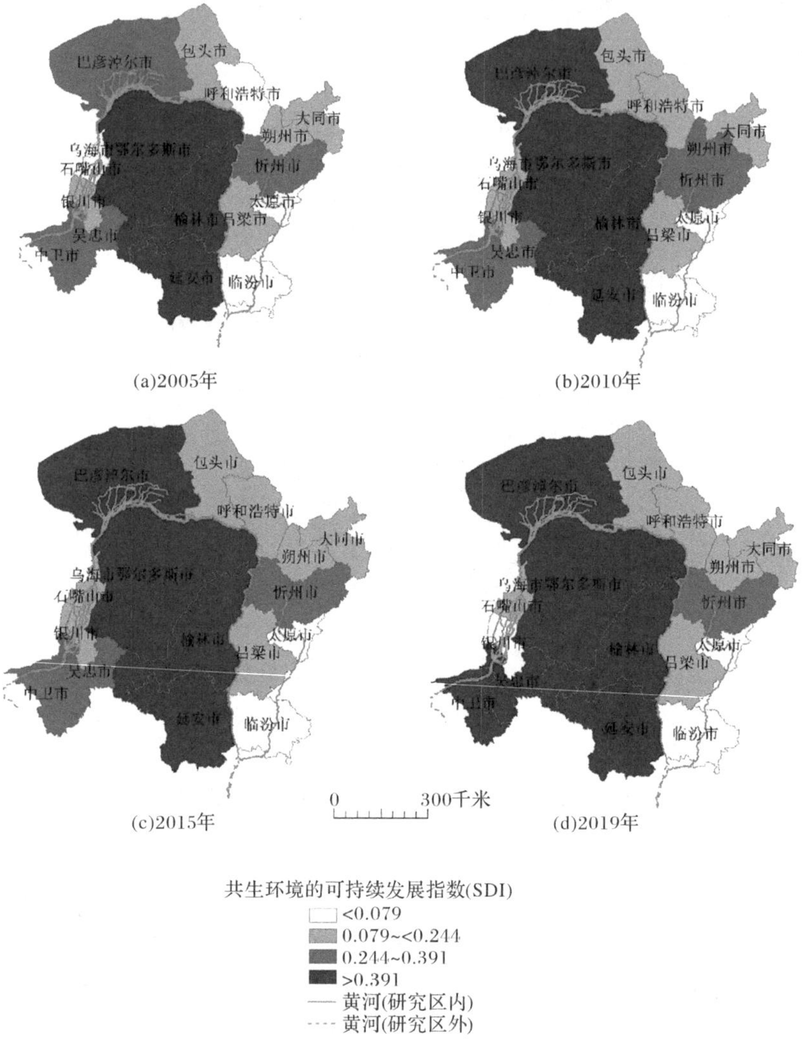

图 7.8　黄河几字弯地区共生环境可持续发展水平的时空分异

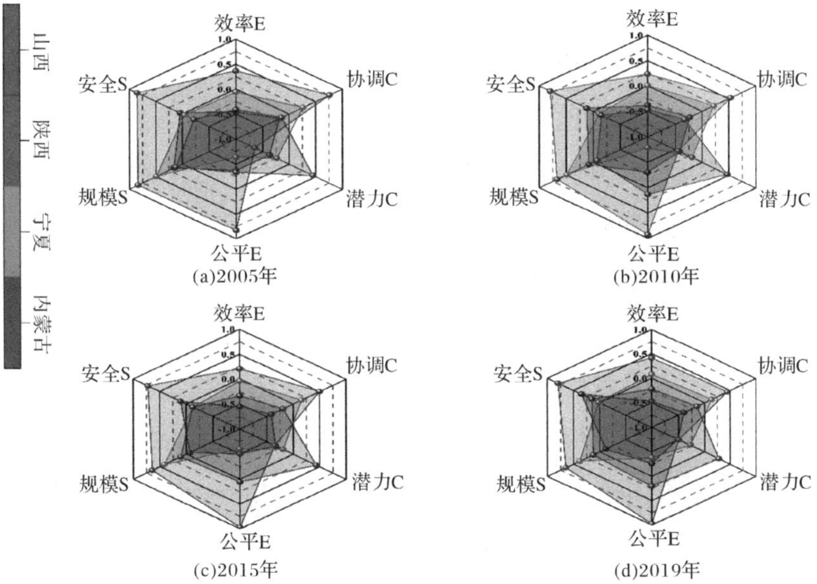

图 7.9　黄河几字弯地区各省份可持续发展水平的分异

7.4　本章小结

本书研究的地区可持续发展环境是作为产业生态系统共生环境来考量的。本章以自然资本为切入点，构建 S－E－C 共生环境评价框架来描述几字弯地区可持续发展水平的时空特征。具体而言，S－E 代表自然资本供需过程中的利用规模和分配公平，E－C 代表自然资本的产出效益和供给潜力，C－S 则表示自然资本的功能安全和效益协调。

从资本利用规模的角度来看，生态足迹深度在自然资源贫乏的地区较高，生态足迹广度在自然资源禀赋丰富的地区较高。基于生态足迹广度和足迹深度，可以将城市分为高强度利用型、中度利用型、温和利用型和低存量占用型四种类型。同时，生态足迹深度和生态足迹广度的排列几乎呈相反趋势，存量资本和流量资本互为补充。

从资本配置公平的角度来看，几字弯地区的自然资本利用趋向公平。宁夏回族自治区的综合基尼系数最高，陕西省的综合基尼系数最低。

从资本产出效益和供给潜力表现来看，几字弯地区资源型城市的资本产出效率相对较低。资本供给潜力整体呈倒 V 形发展趋势，进一步提高资本供给潜力的可靠途径是依靠生物生产性土地的多样化。

从资本功能安全和效益协调的角度来看，几字弯地区的自然资本功能的安全水平呈现显著的空间集聚，南部的安全性优于北部。几字弯地区自然资本的效益协调水平在研究期间呈 V 形趋势，南部的效益协调性高于北部，东部低于西部。

利用全排列多边形图示法计算可知，几字弯地区的可持续发展水平在研究时序内呈 W 形趋势发展，各分项指标均在临界值附近波动，自然资本安全水平提升明显。同时，大部分城市的可持续水平较为稳定或有所改善，几字弯地区中部的可持续水平较高，且南部优于北部。

第 8 章

产业生态化及其影响因素

产业生态化水平反映在产业生态系统功能的成熟水平与结构的有序水平上。成熟水平由共生体和共生模式的综合表现所决定，有序水平由共生体与共生环境的耦合关系所决定。

8.1 基于系统结构和功能的产业生态化评价

本书采用修正后的耦合协调模型对区域产业生态系统的结构有序度进行分析，通过厘清区域产业生态系统共生体与共生环境之间的耦合协调状况，分析区域产业生态系统在进行产业活动时，共生单元之间的发展状况与速度是否能够匹配所在的共生环境的发展状况和速度。具体见公式(8.1)。

$$
\begin{aligned}
C &= 2 \times \{(\mathrm{SSI} \times \mathrm{SDI})/[(\mathrm{SSI} + \mathrm{SDI})^2]\}^{1/2} \\
\mathrm{D} &= (\mathrm{C} \times \mathrm{T})^{1/2} \\
\mathrm{T} &= \alpha SSI + \beta SDI
\end{aligned}
\tag{8.1}
$$

其中，SSI 表征产业生态系统共生体的综合质量；SDI 表征共生环境的可持续发展指数；C 表示共生环境和共生单元的耦合程度；T 代表了共生环境和共生单元的综合发展指数；D 为评价主体间的耦合协调指数，取值范围在 0 至 1 之间，在此表征了产业生态系统结构的有序水平，D 值越大，说明结构有序度越高；α 和 β 分别对应共生体和共生环境的权重，表示它们对产业生态系统结构的影响程度。

由于 T 表征的是评价对象的综合表现，因此单从某一年的静态表现来评价无法满足耦合发展动态性的基本要求。因此，本书引入改进后的进化动量模型来确定评价对象的权重，解释共生系统在演进过程中的内在贡献和发展潜力。模型的具体改进如下：

假设有 P 个区域 $Q=(Q_1, Q_2, \cdots, Q_p)$，其在 $h+1$ 个时期 $t=(t_1, t_2, \cdots, t_{h+1})$ 内的评价对象发展指数所形成的时序信息矩阵为

$$\boldsymbol{S} = [s_{ik}]_{p(h+1)} = \begin{bmatrix} s_{11} & s_{12} & \cdots & s_{1(h+1)} \\ s_{21} & s_{22} & \cdots & s_{2(h+1)} \\ \vdots & \vdots & & \vdots \\ s_{p1} & s_{p2} & \cdots & s_{p(h+1)} \end{bmatrix} \tag{8.2}$$

同时,假设区域 Q_i 在$[t_k, t_{k+1}]$时间段内系统的进化速度为 v_{ik},则评价主体的进化速度矩阵为

$$\mathbf{V} = [v_{ik}]_{ph} = \begin{bmatrix} v_{11} & v_{12} & \cdots & v_{1h} \\ v_{21} & v_{22} & \cdots & v_{2h} \\ \vdots & \vdots & & \vdots \\ v_{p1} & v_{p2} & \cdots & v_{ph} \end{bmatrix} \tag{8.3}$$

其中,$v_{ik} = \dfrac{s_{ik+1} - s_{ik}}{t_{k+1} - t_k}$。当 $v_{ik} > 0$ 时,该时间段内区域 Q_i 的系统进化呈现增长状态;当 $v_{ik} < 0$ 时,该时间段内区域 Q_i 的系统进化呈现放缓状态;当 $v_{ik} = 0$ 时,该时间段内区域 Q_i 的进化趋势为稳定状态。

假设任意时间段内的系统进化速度为匀速,则单位时间内系统增长速度的状态量 Q_i 为$[t_k, t_{k+1}]$区间段内,速度与时间轴所形成的面积,具体公式为

$$Q_i^v(t_k, t_{k+1}) = \int_{t_k}^{t_{k+1}} \left[v_{ik} + (t - t_k) \times \frac{v_{ik+1} - v_{ik}}{t_{k+1} - t_k} \right] \mathrm{d}t \tag{8.4}$$

上式体现了区域 Q_i 在时间段$[t_k, t_{k+1}]$内的进化速度状态特征。根据公式(8.4)可得区域 Q_i 分别在第 k 和 $k+1$ 时刻共生进化的速度值,因而设:

$$\mu_{ik} = \begin{cases} 0, t_{k+1} = 1 \\ \dfrac{v_{ik+1} - v_{ik}}{t_{k+1} - t_k}, t_{k+1} > 1 \end{cases} \tag{8.5}$$

其中,μ_{ik} 是在$[t_k, t_{k+1}]$时间内区域 Q_i 评价单元进化速度的线性增长率。设 ξ 是关于 μ_{ik} 的函数,进而构建评价对象进化速度趋势这一特

征模型如下：

$$\xi(\mu_{ik})=\frac{\varepsilon}{1+\mathrm{e}^{-\mu_{ik}}} \tag{8.6}$$

其中，$\xi(\mu_{ik})$是单调递增函数，其值受μ_{ik}的影响。当$\mu_{ik}\to-\infty$时，$\xi(\mu_{ik})\to 0$；当$\mu_{ik}\to+\infty$时，$\xi(\mu_{ik})\to\varepsilon$。函数$\xi(\mu_{ik})$具有一个拐点，在拐点左侧，$\xi(\mu_{ik})$表现为加速趋势；在拐点右侧，$\xi(\mu_{ik})$表现为减速趋势。据此，本书根据函数$\xi(\mu_{ik})$开展速度惩罚或速度激励的调整。此外，根据特征值法求解$\xi(\mu_{ik})$中参数ε，设当$\mu_{ik}=0$时，$\xi(\mu_{ik})=1$，则$\varepsilon=2$。

基于公式(8.2)至公式(8.6)，本书根据进化速度趋势对进化速度状态进行修正。当$\mu_{ik}<0$时，$\xi(\mu_{ik})<1$，对进化速度状态乘以小于1的系数，表示对递减进化速度趋势的进化速度状态做出惩罚修正；当$\mu_{ik}>0$时，$\xi(\mu_{ik})>1$，对进化速度状态乘以大于1的系数，表示对递增进化速度趋势的进化速度状态做出激励修正；当$\mu_{ik}=0$时，$\xi(\mu_{ik})=1$，对进化速度状态乘以1，表示对无进化速度趋势的进化速度状态不做任何修正。

根据进化速度状态修正结果，本书借鉴牛顿第二定律$\sum F=kma$，可得区域Q_i在$[t_k,t_{k+1}]$时间内融合进化速度状态和进化速度趋势两种速度特征的进化动量模型如下：

$$Y_i=\frac{1}{h-1}\left[\sum_{k=1}^{h-1}Q_i^v(t_k,t_{k+1})\times\xi(\mu_{ik})\right] \tag{8.7}$$

其中，当$Y_i>0$时，意味着区域Q_i在$[t_1,t_h]$时段内系统进化整体呈现良性上升趋势；当$Y_i<0$时，意味着系统进化整体呈现恶化下降趋势；当$Y_i=0$时，意味着系统进化整体呈现一般平稳趋势。待定权重系数α和β可通过下式计算：

$$\alpha=\frac{Y_i(\mathrm{SSI})}{Y_i(\mathrm{SSI})+Y_i(\mathrm{SDI})},\quad \beta=1-\alpha \tag{8.8}$$

产业生态系统结构的成熟是产业生态化的核心内涵之一，本书综合共生体与共生模式来考察产业生态系统的成熟度具有三大优势：首先，共生体的发展水平和共生模式的分类可以反映复合系统成熟水平的不同维度，便于管理者和公众彻底地理解和应用评价结果。其次，共生体和共生模式等级的细化可以更好地反映系统成熟度的变化，有助于克服分析结论滞后的缺陷，并达到预警和指导的目的。最后，生态环境质量决定了复合系统发展的上限，产业经济质量决定了复合系统发展的下限。根据复合系统共生体和共生模式确定复合系统成熟水平，可以科学地测度和检测生态阈值与发展约束，以保障生态安全。

本书根据公式(8.9)计算复合系统的成熟度 M。

$$M = \sqrt{\mathrm{SSI}^*(t)^2 + C^*(t)^2} \tag{8.9}$$

其中，SSI^* 代表标准化后的共生体综合质量指数；C^* 代表标准化后的共生协调指数；M 代表产业生态系统的成熟度。

本书根据公式(8.10)计算产业生态化水平 IE。

$$\mathrm{IE} = \omega M + \rho D \tag{8.10}$$

其中，M 代表复合系统功能成熟度；D 代表复合系统结构有序度；IE 代表产业生态化水平；$\omega=\rho=0.5$。

8.2 产业生态化的影响因素

产业生态化的实现需要在宏观治理下制定科学的、灵活的、差异化的产业政策和发展规划，以调控资源配置。通过研究产业生态化的驱动机制，有利于我们制定有针对性的产业政策，促进经济转型，实现碳中和的目标。本节分别采用有序 Probit 模型和地理探测器方法来识别产业生态系统成熟度和有序度的影响因素。

在已有研究的基础上[197,270]，本书选取以下指标来分析产业生态化的影响机制：选择城镇化率(URB)和人均 GDP 来表征经济发展水平，以发明专利授权数(PAT)和研发支出(R&D)的交互项表征科技创新水平，以能源消耗总量(RES)和人口密度(DEN)表征生态压力，分别采用进出口总额、第三产业占第二产业比重、污染治理投资额表征开放程度(POR)、产业结构(STR)、末端治理强度(POL)。同时，地方财政支出占 GDP 的比例(GOV)可被用来表征政府的影响力。考虑到市场化程度越高，民间资本进入产业市场越多，创新驱动也就越大，越有利于产业生态系统成熟。因此，本书选取国有经济单位职工人数与地区职工人数之比来表征市场化水平(MAR)。由于国有单位对地方政府可能存在“绑架”行为，在一定程度上影响环境规制的效果，因此本书选择 MAR 和 GOV 的交互项来表征市场化下的政府影响力[271]。为了减少数据之间的绝对差异，本书对一些指标进行对数化处理。

本书采用地理探测器的方法识别产业生态系统有序度的影响因子。地理检测器是一种检测空间异质性并揭示其驱动力的统计方法[272]。其中，因子检测器主要用于检测自变量对因变量空间异质性的解释程度，用 q 值来衡量，q 值越高表示自变量的解释能力越强。相关计算公式如下：

$$q = 1 - \frac{\sum_{h=1}^{L} N_h \sigma_h^2}{N\sigma^2} = 1 - \frac{\mathrm{SSW}}{\mathrm{SST}} \tag{8.11}$$

$$\mathrm{SSW} = \sum_{h=1}^{L} N_h \sigma_h^2, \quad \mathrm{SST} = N\sigma^2 \tag{8.12}$$

其中，SSW 和 SST 分别是组内平方和和总平方和；q 的取值范围是 $[0,1]$。

本书采用有序 Probit 模型分析产业生态系统成熟等级的影响因子和边际效应。实证模型设定为

$$C = \beta_1 \mathrm{URB} + \beta_2 \ln\mathrm{GDP} + \beta_3 \mathrm{DEN} + \beta_4 \ln\mathrm{RES} + \beta_5 \ln\mathrm{POR} + \beta_6 \ln\mathrm{POL} + \beta_7 \mathrm{STR} + \beta_8 \mathrm{PAT} \cdot \mathrm{R\&D} + \beta_9 \mathrm{MAR} \cdot \ln\mathrm{GOV} + u$$

其中，β 代表影响因素的作用方向和作用水平。如果其值大于 0，代表影响因素作用为正，反之为负。由于成熟等级作为被解释变量是离散型变量，并且为序次变量，因此可通过有序 Probit 模型来描述这一特征，见公式(8.13)。

$$C = \begin{cases} 1 & C^* \leqslant c_1 \\ 2 & c_1 < C^* \leqslant c_2 \\ 3 & c_2 < C^* \leqslant c_3 \\ 4 & c_3 < C^* \leqslant c_4 \\ 5 & c_4 < C^* \leqslant c_5 \end{cases} \tag{8.13}$$

其中，c_1、c_2、c_3、c_4、c_5 分别为待估计的临界值。C 表示产业生态系统的成熟等级，C^* 为 C 的潜变量。作为离散型变量，本书按照图 8.1 的划分规则将 1～5 值分别赋值于不同的产业生态系统成熟等级：低水平的互害竞争、低水平的单方受益、中水平的单方受益、中水平的互惠共生和高水平的互惠共生。得分越大，则成熟等级越高。本书通过构造似然函数，进而利用极大似然法对模型进行参数估计。

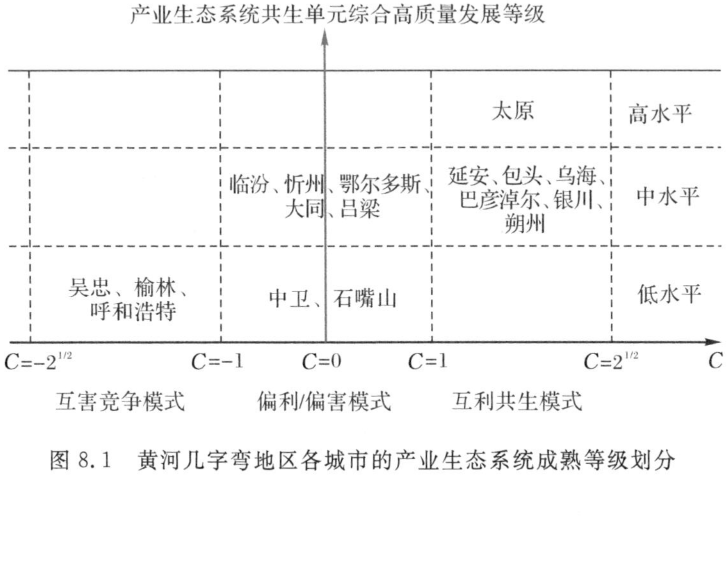

图 8.1　黄河几字弯地区各城市的产业生态系统成熟等级划分

8.3 黄河几字弯地区的产业生态化及影响因素

8.3.1 产业生态系统的结构有序度表现

本章运用进化动量模型来计算产业生态系统中共生单元和共生环境表现的进化动量，从动态角度揭示系统内部结构和进化规律。为了避免权重计算出现负数，对所有进化动量加 0.01 后根据公式(8.8)计算共生单元和共生环境的权重，计算结果见表 8.1。

表 8.1 2005—2019 年黄河几字弯地区各城市产业生态系统共生单元和共生环境的发展指数和进化动量平均水平

省份	城市	共生单元发展指数	排序	共生单元发展进化动量	排序	共生环境发展指数	排序	共生环境发展进化动量	排序	共生单元权重	共生环境权重
内蒙古	巴彦淖尔	0.0696	15	0.0016	2	0.4459	3	0.0072	3	0.403	0.597
内蒙古	包头	0.1037	4	0.0007	6	0.1617	10	0.0029	6	0.454	0.546
内蒙古	鄂尔多斯	0.1225	1	0.0019	1	0.4835	2	0.0035	5	0.468	0.532
内蒙古	呼和浩特	0.0812	9	0.0008	5	0.0834	15	0.0044	4	0.427	0.573
内蒙古	乌海	0.0862	6	0.0008	4	0.1054	14	0.0113	1	0.336	0.664
宁夏	石嘴山	0.0664	16	0.0007	7	0.1110	12	0.0088	2	0.362	0.638
宁夏	吴忠	0.0724	13	0.0010	3	0.3437	7	0.0021	8	0.478	0.522
宁夏	银川	0.0844	7	−0.0007	15	0.1104	13	−0.0073	17	0.773	0.227
宁夏	中卫	0.0735	12	0.0002	9	0.3742	5	0.0017	9	0.466	0.534
山西	大同	0.0841	8	−0.0010	16	0.1637	9	−0.0022	14	0.536	0.464
山西	临汾	0.0657	17	−0.0006	14	0.0548	16	−0.0020	12	0.540	0.460
山西	吕梁	0.0755	10	−0.0002	10	0.1599	11	−0.0016	11	0.540	0.460
山西	朔州	0.0741	11	−0.0013	17	0.2317	8	−0.0069	16	0.734	0.266
山西	太原	0.1224	2	0.0006	8	0.0528	17	−0.0012	10	0.545	0.455
山西	忻州	0.0905	5	−0.0006	13	0.3437	6	−0.0020	13	0.543	0.457
陕西	延安	0.1176	3	−0.0003	11	0.6391	1	0.0026	7	0.436	0.564
陕西	榆林	0.0702	14	−0.0003	12	0.4268	4	−0.0067	15	0.744	0.256

计算结果显示，从产业生态系统的共生单元表现来看，共生单元发展水平的排序显著优于其进化动量排序的城市包括延安、忻州、大同、银川，这些城市共生单元发展水平较好，但发展进化的态势呈现恶化下降的趋势。进化动量排序显著优于共生单元发展水平排序的

城市包括巴彦淖尔、石嘴山、吴忠，尽管这些城市共生单元发展情况较差，但是进化势头较为强劲。从分省份的表现来看，内蒙古自治区所有城市的共生单元进化动量均为正，上升势头强劲。

从产业生态系统的共生环境表现来看，共生环境表现排序显著优于其进化动量排序的城市包括榆林、忻州、朔州和大同等，这些城市的共生环境可持续水平较高，但是环境进化为下降的态势。进化动量排序显著优于共生环境表现排序的城市包括乌海、石嘴山、呼和浩特、太原，尽管这些城市产业生态系统的共生环境表现滞后，但是进化的势头强劲。从分省份的表现来看，内蒙古自治区的共生环境进化动量表现最为突出，所有城市的进化动量均为正。但是，内蒙古自治区绝大多数城市的共生环境发展指数排名较为靠后。同时，山西省内的六个城市的共生环境进化动量均为负。整体而言，几字弯地区共生环境的发展呈现了逆马太效应，也就是说，产业生态系统共生环境表现较差的地区进化势头强劲，共生环境较好的地区进化势头趋缓甚至下降，这进一步说明几字弯地区产业生态系统发展的环境差异呈缩小趋势。

根据表 8.1 中的权重值，本书计算了产业生态系统的有序度（见表 8.2）。2005—2019 年，几字弯地区产业生态系统的有序度从0.355提升至 0.370，整体呈 W 形发展轨迹（见图 8.2）。同时，复合系统有序度的空间布局较为稳定，山西省的系统有序度整体较低（见图 8.3）。从城市的有序度平均水平来看，有序度平均水平在 0.3 以下的城市包括呼和浩特、石嘴山、银川、临汾、太原。其中，除了石嘴山和临汾为资源型城市外，其余三个都为省会城市。有序度平均水平在 0.4 之上的城市有巴彦淖尔、鄂尔多斯、吴忠、中卫、忻州和延安，包括几字弯地区除省会城市外的所有非资源型城市（巴彦淖尔、吴忠和中卫）（见图 8.4）。也就是说，省会城市和资源型城市的产业生态系统有序度整体较低，而非资源型城市的有序度较高。

表 8.2　2005—2019 年黄河几字弯地区各城市的产业生态系统有序度

城市	2005 年	2006 年	2007 年	2008 年	2009 年	2010 年	2011 年	2012 年	2013 年	2014 年	2015 年	2016 年	2017 年	2018 年	2019 年
巴彦淖尔	0.424	0.433	0.432	0.440	0.443	0.435	0.442	0.480	0.450	0.437	0.440	0.445	0.460	0.470	0.486
包头	0.359	0.354	0.337	0.356	0.360	0.356	0.352	0.352	0.371	0.374	0.368	0.374	0.379	0.367	0.382
鄂尔多斯	0.480	0.492	0.480	0.501	0.496	0.484	0.496	0.479	0.503	0.501	0.496	0.520	0.547	0.528	0.521
呼和浩特	0.282	0.254	0.249	0.266	0.283	0.291	0.280	0.275	0.287	0.276	0.310	0.326	0.289	0.300	0.316
乌海	0.253	0.252	0.254	0.288	0.290	0.282	0.274	0.282	0.293	0.287	0.335	0.369	0.369	0.384	0.390
石嘴山	0.256	0.251	0.256	0.272	0.286	0.285	0.280	0.296	0.303	0.318	0.322	0.328	0.343	0.348	0.353
吴忠	0.394	0.410	0.387	0.390	0.393	0.385	0.388	0.392	0.404	0.403	0.414	0.407	0.418	0.418	0.435
银川	0.326	0.325	0.337	0.320	0.315	0.306	0.302	0.277	0.281	0.283	0.278	0.277	0.278	0.268	0.285
中卫	0.429	0.423	0.421	0.425	0.423	0.409	0.398	0.401	0.409	0.403	0.417	0.411	0.417	0.427	0.432
大同	0.340	0.348	0.338	0.355	0.360	0.360	0.337	0.354	0.350	0.322	0.311	0.340	0.314	0.317	0.317
临汾	0.248	0.258	0.289	0.256	0.256	0.239	0.246	0.232	0.255	0.244	0.228	0.250	0.228	0.223	0.218
吕梁	0.320	0.331	0.350	0.330	0.332	0.328	0.321	0.321	0.323	0.312	0.313	0.338	0.320	0.333	0.316
朔州	0.348	0.332	0.388	0.339	0.319	0.330	0.314	0.319	0.314	0.273	0.280	0.302	0.270	0.292	0.281
太原	0.276	0.290	0.277	0.289	0.304	0.292	0.301	0.292	0.299	0.298	0.277	0.319	0.270	0.258	0.272
忻州	0.406	0.417	0.404	0.419	0.422	0.416	0.414	0.401	0.419	0.414	0.401	0.409	0.393	0.404	0.398
延安	0.554	0.556	0.551	0.552	0.531	0.530	0.540	0.532	0.533	0.537	0.544	0.547	0.559	0.559	0.560
榆林	0.345	0.348	0.341	0.334	0.340	0.331	0.328	0.327	0.330	0.334	0.336	0.339	0.338	0.330	0.329

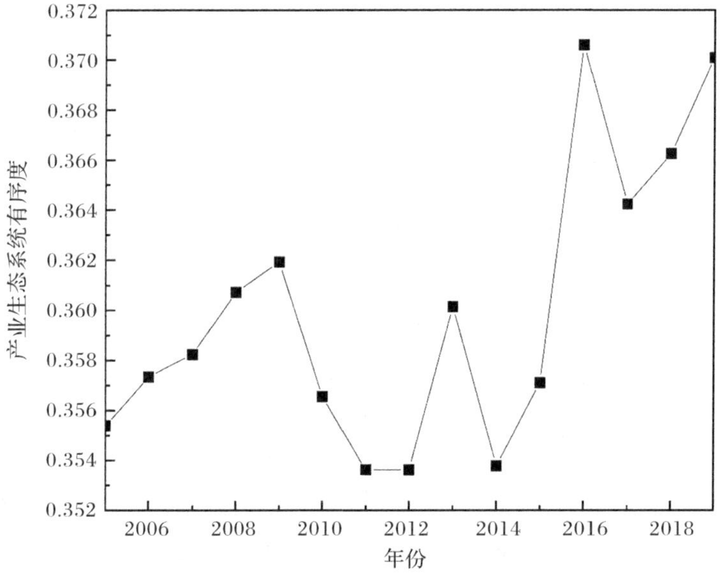

图 8.2　2005—2019 年黄河几字弯地区产业生态系统有序度的发展轨迹

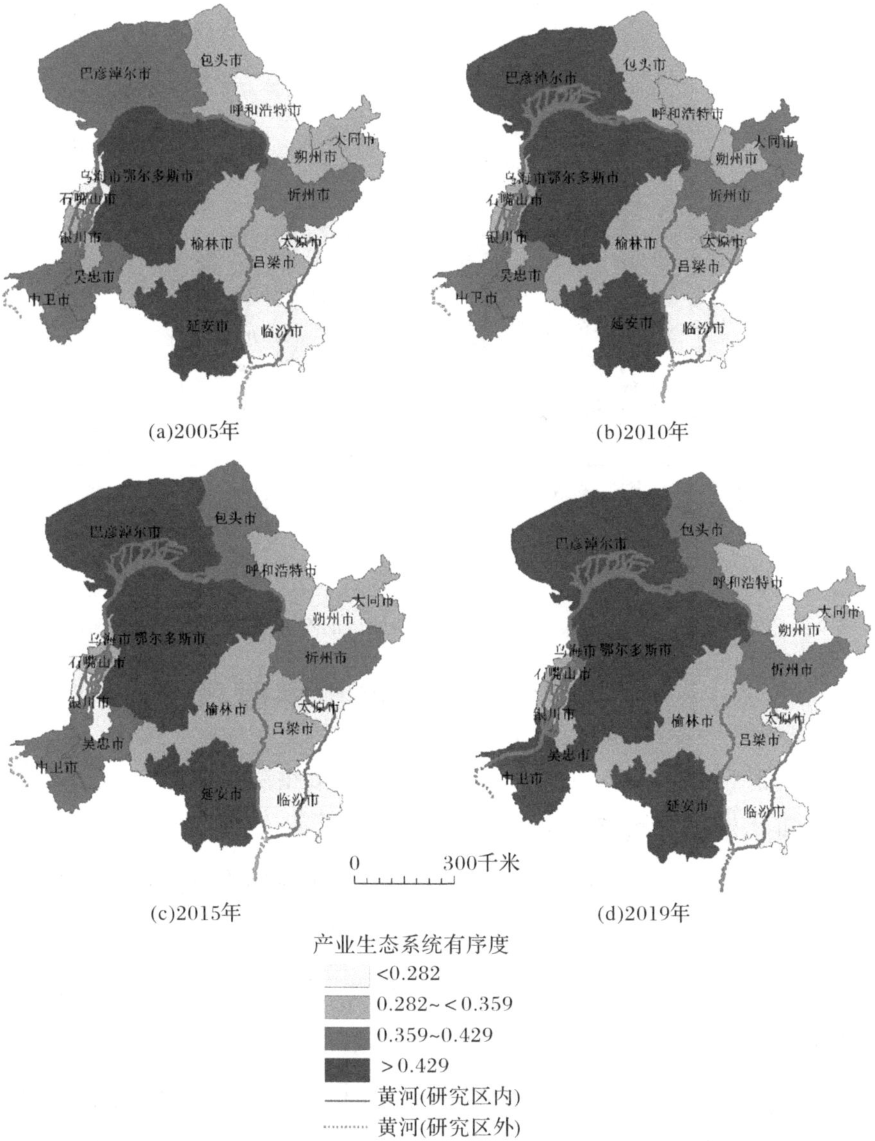

图 8.3　黄河几字弯地区产业生态系统有序度的时空分异

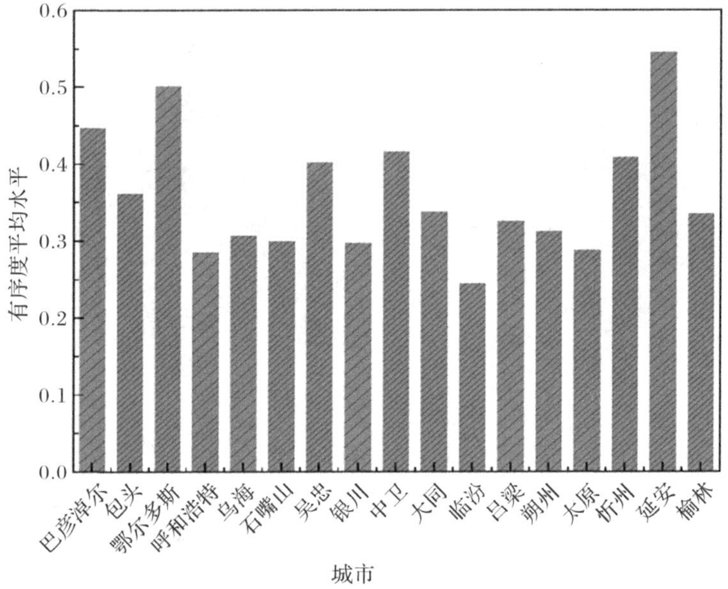

图 8.4　2005—2019 年黄河几字弯地区各城市的产业生态系统平均有序度

8.3.2　产业生态系统的功能成熟度表现

本书根据公式(8.9)计算复合系统的成熟度，见表 8.3。根据共生模式和共生单元的等级(见表 6.2 和表 6.4)，本书按照图 8.5 定义的标准绘制几字弯地区产业生态系统成熟等级的时空演变图。如图 8.6所示，几字弯地区的产业生态系统成熟等级差异化明显。从空间分布来看，几字弯地区西北部的产业生态系统成熟等级整体优于东南部。从分省份表现来看，内蒙古自治区的产业生态系统成熟等级较高，且整体有所上升；陕北地区的产业生态系统成熟等级有所下滑；宁夏回族自治区和山西省的产业生态系统成熟等级变化分异明显。

表 8.3　2006—2017 年黄河几字弯地区各城市的产业生态系统成熟度

城市	2006 年	2007 年	2008 年	2009 年	2010 年	2011 年	2012 年	2013 年	2014 年	2015 年	2016 年	2017 年
巴彦淖尔	0.138	0.191	0.130	0.852	0.311	0.915	0.940	0.882	0.866	0.098	0.915	0.919
包头	0.519	0.428	0.643	1.143	1.222	1.116	1.139	0.710	0.818	1.105	1.191	1.065
鄂尔多斯	0.724	1.065	1.231	1.203	0.950	1.300	0.978	1.172	0.812	1.229	1.362	1.349
呼和浩特	1.025	0.223	0.922	0.914	0.387	0.334	0.173	0.216	0.854	1.009	1.028	0.841
乌海	0.400	1.037	0.944	0.831	0.302	0.324	0.414	0.343	0.967	1.114	1.107	0.367
石嘴山	0.007	0.849	0.864	0.097	0.624	0.000	0.895	0.152	0.291	0.212	0.118	0.176
吴忠	0.212	0.255	0.115	0.001	0.050	0.130	0.884	0.203	0.217	0.301	1.015	0.659
银川	0.969	1.131	1.063	0.955	0.986	1.032	0.706	0.244	1.043	0.920	0.241	0.779
中卫	0.878	0.269	0.832	1.008	0.915	0.144	0.146	0.137	0.190	0.895	0.963	0.901
大同	0.352	1.057	1.030	0.330	0.445	0.355	1.101	0.977	0.856	0.356	0.380	0.292
临汾	0.854	0.795	0.139	0.105	0.886	0.649	0.008	0.055	0.167	0.000	0.018	0.953
吕梁	0.861	0.513	0.173	0.162	0.358	0.287	0.372	0.265	0.200	0.909	0.258	0.926
朔州	0.264	1.288	0.330	0.050	0.300	0.664	0.917	1.007	0.179	0.869	0.144	0.117
太原	0.817	1.148	1.332	1.380	1.396	1.318	1.017	1.403	1.354	1.414	1.312	1.202
忻州	0.458	1.050	0.730	0.439	1.041	1.086	0.958	0.517	0.876	1.107	0.940	0.327
延安	1.324	1.414	1.414	1.128	0.696	0.891	0.650	1.082	1.118	1.282	0.824	1.106
榆林	0.846	0.808	0.811	0.278	0.782	0.120	0.977	0.870	0.197	0.191	0.153	0.167

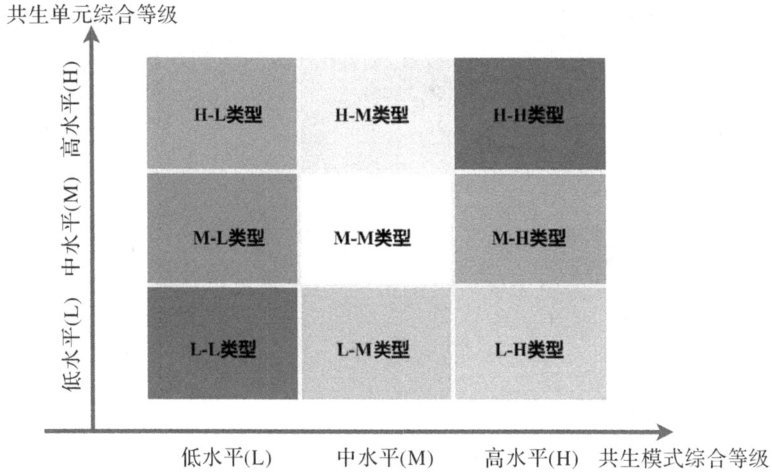

图 8.5　产业生态系统成熟等级的评级标准

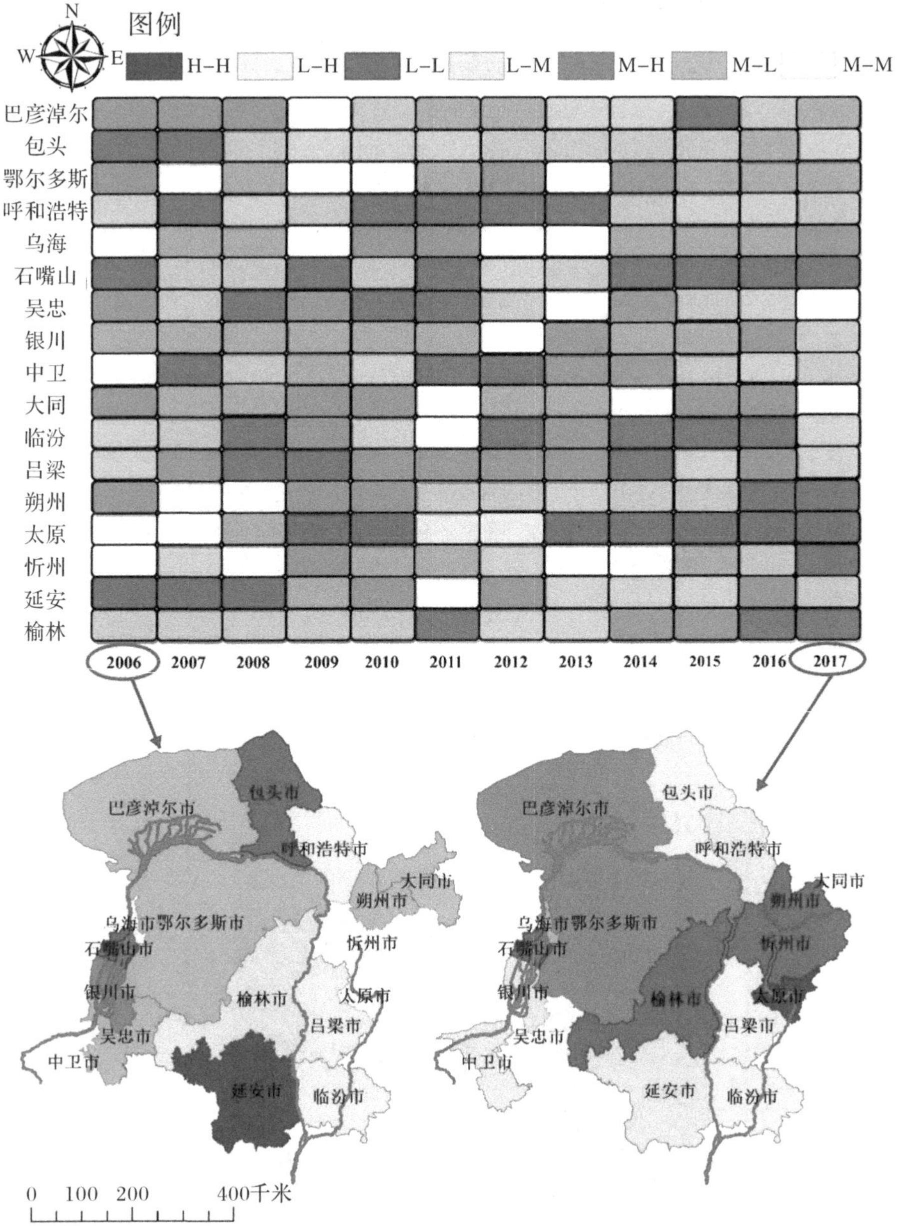

图 8.6　黄河几字弯地区产业生态系统成熟等级的时空分异

8.3.3　产业生态化水平

根据产业生态系统的有序度和成熟度(见表 8.2 和表 8.3),本书按照公式(8.10)计算几字弯地区的产业生态化水平,见表 8.4。

表 8.4　2006—2017 年黄河几字弯地区各城市的产业生态化水平

城市	2006 年	2007 年	2008 年	2009 年	2010 年	2011 年	2012 年	2013 年	2014 年	2015 年	2016 年	2017 年
巴彦淖尔	0.285	0.311	0.285	0.648	0.373	0.678	0.710	0.666	0.651	0.269	0.680	0.689
包头	0.436	0.383	0.500	0.752	0.789	0.734	0.746	0.541	0.596	0.737	0.783	0.722
鄂尔多斯	0.608	0.772	0.866	0.849	0.717	0.898	0.729	0.838	0.657	0.862	0.941	0.948
呼和浩特	0.640	0.236	0.594	0.599	0.339	0.307	0.224	0.252	0.565	0.660	0.677	0.565
乌海	0.326	0.646	0.616	0.561	0.292	0.299	0.348	0.318	0.627	0.724	0.738	0.368
石嘴山	0.129	0.552	0.568	0.192	0.454	0.140	0.596	0.227	0.304	0.267	0.223	0.259
吴忠	0.311	0.321	0.253	0.197	0.218	0.259	0.638	0.303	0.310	0.358	0.711	0.538
银川	0.647	0.734	0.692	0.635	0.646	0.667	0.492	0.262	0.663	0.599	0.259	0.528
中卫	0.651	0.345	0.629	0.716	0.662	0.271	0.273	0.273	0.297	0.656	0.687	0.659
大同	0.350	0.698	0.692	0.345	0.403	0.346	0.727	0.663	0.589	0.334	0.360	0.303
临汾	0.556	0.542	0.198	0.180	0.562	0.448	0.120	0.155	0.205	0.114	0.134	0.590
吕梁	0.596	0.431	0.251	0.247	0.343	0.304	0.347	0.294	0.256	0.611	0.298	0.623
朔州	0.298	0.838	0.334	0.185	0.315	0.489	0.618	0.660	0.226	0.575	0.223	0.193
太原	0.553	0.712	0.811	0.842	0.844	0.809	0.655	0.851	0.826	0.846	0.815	0.736
忻州	0.438	0.727	0.574	0.430	0.728	0.750	0.680	0.468	0.645	0.754	0.674	0.360
延安	0.940	0.983	0.983	0.830	0.613	0.716	0.591	0.807	0.827	0.913	0.686	0.832
榆林	0.597	0.574	0.572	0.309	0.557	0.224	0.652	0.600	0.265	0.264	0.246	0.253

从时间序列变化来看,几字弯地区的产业生态化水平整体提高了。从产业生态化水平的空间分异来看,内蒙古自治区的产业生态化水平整体较高,山西省和宁夏回族自治区的产业生态化水平较低(见图 8.7)。从城市尺度来看,鄂尔多斯、太原和延安的产业生态化水平在高位保持,而石嘴山、吴忠、临汾、吕梁、朔州、榆林的产业生态化水平较低(见图 8.8)。

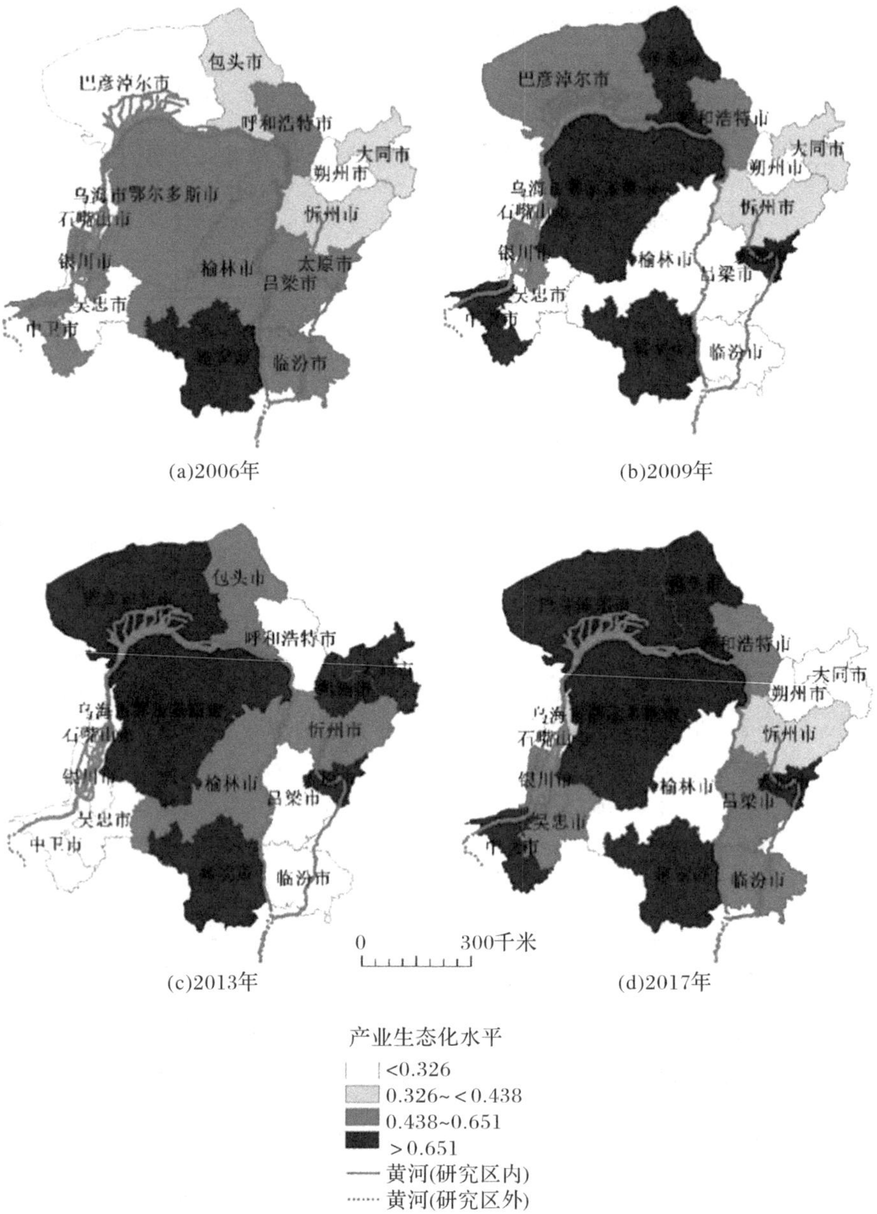

图 8.7　黄河几字弯地区产业生态化水平的时空分异

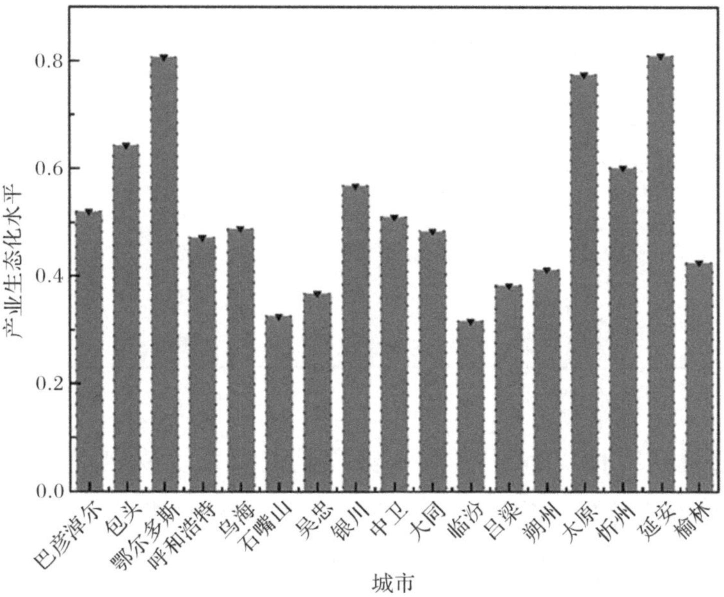

图 8.8　2006—2017 年黄河几字弯地区各城市的产业生态化平均水平

8.3.4　产业生态化的影响因素

本书通过地理探测器分析产业生态系统有序度的影响因子。本书采用自然断裂点方法将自变量因子划分为 5 个等级，各因子在 2005 年、2010 年、2015 年和 2019 年对产业生态系统有序度的影响均通过 1％的显著性检验，表明几字弯地区科技水平、经济发展、城市化水平、开放程度、生态压力、产业结构、末端治理水平和政府管理均对产业生态系统有序度产生了影响（见表 8.5）。

表 8.5　地理探测器计算结果

影响因子	q(2005 年)	q(2010 年)	q(2015 年)	q(2019 年)
PAT×R&D	0.456	0.497	0.638	0.654
URB	0.437	0.428	0.245	0.208
lnGDP	0.335	0.032	0.051	0.256

续表

影响因子	q(2005 年)	q(2010 年)	q(2015 年)	q(2019 年)
DEN	0.578	0.611	0.537	0.524
lnRES	0.419	0.799	0.540	0.166
lnPOR	0.663	0.492	0.385	0.379
MAR×GOV	0.373	0.799	0.202	0.338
lnPOL	0.426	0.445	0.463	0.358
STR	0.256	0.344	0.624	0.358

本书通过有序 Probit 模型分析产业生态系统成熟水平的影响因子，计算结果显示：几字弯地区产业生态系统的成熟水平与科技创新、经济水平、开放程度、污染治理强度和产业结构呈正相关，即这些指标每增加一个单位，产业生态系统就有更高的可能性上升到一个较高的成熟水平。产业生态系统成熟水平与城市化水平、资源消耗量和政府治理呈负相关，即这些指标每增加一个单位，产业生态系统落入较低成熟水平的可能性就越大（见表 8.6、表 8.7）。

表 8.6　有序 Probit 模型回归结果

影响因子	回归系数	标准误	Z 值
PAT×R&D	0.003*	0.002	1.78
URB	−0.180**	0.082	−2.21
lnGDP	4.305**	1.855	2.32
DEN	−0.011	0.009	−1.20
lnRES	−5.900**	2.718	−2.17
lnPOR	0.749*	0.433	1.73
MAR×GOV	−3.069*	1.728	−1.78
lnPOL	4.358**	1.902	2.29
STR	6.219**	2.593	2.40

注：** 表示结果在 5%水平下显著，* 表示结果在 10%的水平下显著。

表 8.7 影响因子的边际效应

1	2	3	4	5
−0.0002	−0.0001	−0.0001	0.0003	0.0001
0.0132	0.0067	0.0037	−0.0177	−0.0059
−0.3163	−0.1604	−0.0880	0.4231	0.1416
0.0008	0.0004	0.0002	−0.0011	−0.0004
0.4336	0.2199	0.1207	−0.5799	−0.1941
−0.0549	−0.0279	−0.0153	0.0735	0.0246
0.2256	0.1144	0.0628	−0.3017	−0.1010
−0.3203	−0.1624	−0.0891	0.4284	0.1434
−0.4568	−0.2316	−0.1271	0.6110	0.2045

本研究发现所有的影响因素都可以解释产业生态系统有序水平的空间异质性，对于产业生态系统的成熟水平，充裕的财政收入为产业经济系统和生态环境系统的高质量发展提供了物质基础，而产业结构升级有利于产能升级和生态优化，二者均有助于产业生态化的演进。但是，产业升级并不意味着对传统产业的排斥，也不是一味地要求零污染，相反，要把经济建设、工业化建设、信息化建设、生态建设有机结合起来。同时，本书发现末端治理也有助于推动系统成熟发育。这一方面是由于污染治理投资直接作用于环境质量改善，另一方面是由于污染治理投资也可以吸引社会资本投资到节能环保产业中，从而有助于产业生态系统的成熟。

几字弯地区的开放程度与复合系统的成熟水平呈正相关。伴随着“一带一路”倡议与西部大开发战略的实施和深化，几字弯地区积极承接产业转移，大力发展现代制造业和大数据产业，逐渐成为投资的重要选择之一，且外商投资往往伴随着技术转移和技术溢出，这可能在某种程度促进了该地区的产业生态化。司丽娟[273]认为，西部地区通过产业转移获得技术溢出促进产业结构升级，规避了创新成本上升带来的高风险，因此技术创新对产业发展的影响为负。然而，本研究发现技术创新与产业生态系统的成熟度是正相关的。几字弯地区现有创新体系薄弱，多数企业在生产技术、生产装备和高端产品研发等方面相对落后，而技术创新和技术扩散可以提高生产要素的产出和配置效率，提高企业节能环保水平，更重要的是，承接产业转移的地区普遍具有“污染避难所”效应，承接的产业类型多为高污染的重工业。同时，过去几十年推动中国经济高速增长的人口红利即将消失，亟待创造必要的制度条件来获得以全要素生产率为主要驱动力的、更加可持续的经济增长源泉。转变经济发展方式，既是形成新型人口、资源、环境协调关系的必要条件，也是获得可持续经济增长源泉的关键[274]。也就是说，仅仅靠技术溢出不足以支撑区域产业生态化的实现，技术创新是产业生态化的核心动力。值得注意的是，开放水平对复合系统有序水平的影响力呈现减弱的趋势，而科技创新的影响力则逐渐增强。因此，几字弯地区产业经济的发展要以内循环为主，外循环为辅，积极增强区域科技创新水平。

城市化可以为产业发展提供载体、平台和集聚空间，现有研究普遍认为城市化对产业生态系统的成熟具有促进作用[32,275]。然而，城市化在集聚人才、资金和技术的同时，也带来了生态压力和资源消耗。此外，安树伟和李瑞鹏[52]认为资源型城市的城市化会抑制创新活动，从而在一定程度上会抑制系统发育。这或许解释了本书研究发现的城市化与系统成熟度负相关的结论。城市化与人口密度也息息相关。新型城市化既要注重人口和生产要素在数量和规模上的增长与扩大，同时也要注重发展质量的提高和人口、经济、自然的协调发展。尽管城乡一体化背景下劳动力市场供需矛盾加剧、人口红利消失、就业转移等因素导致人口密度和城市化水平对产业生态系统有序度的影响有所减弱，但是以牺牲生态环境质量为代价的城市扩张仍是不可取的。另外，几字弯地区需警惕强省会政策等集聚策略带来的负面影响。能源消耗一般认为与产业生态化是负相关的，这与本书发现的能源消费与复合系统成熟度负相关的结论一致。对于资源型城市密集的几字弯地区来说，能源化工业是碳排放的主要来源，在短期内仍将是几字弯地区经济发展的支柱。在碳中和目标框架下，几字弯地区需要尽快调整产业结构，提高能源利用效率。这在短期内必然会给区域产业经济发展带来巨大的挑战，但从长远来看，产业生态化是实现区域产业升级的重要机遇。

一般认为政府的影响力有助于促进产业生态化[30]，但在市场化水平不足的地区，国有资本很可能裹挟政府行为。几字弯地区四个省份的市场化水平明显低于全国平均水平[276]。除此之外，行政官员晋升竞争和 GDP 导向的绩效考核体系构成了地方政府的发展逻辑。在这样的制度安排下，地方政府无疑扮演着“政治人”和“经济人”的双重角色，具有强烈的追求政绩和发展经济的动机。为了保证经济发展，地方政府官员往往不愿主动成为产业转型发展的推动者，也不愿意投入更多的资金来改善和提升地区的公共产品和服务。但这并不表明在产业生态化的过程中政府的作用可以忽略，相反，政府规制越有效，要素流动阻碍越小，企业对环境管理的投入越高。此外，政府可以对引进先进技术或碳排放量较小的企业给予财政补贴，同时对碳排放量较大的企业进行处罚，迫使其探索更清洁的生产方式，从而促进产业生态化。因此，相比调整财政支出规模和结构，更重要的是转变财权职能，彻底发挥政府规制的作用。随着水、地等资源综合管理方案的出台和相关法案的制定，针对几字弯地区产业发展和生态保护的反馈效应会逐渐形成。政府作为“看得见的手”，应在发展有序时通过监督给予适当的激励，在发展无序时进行适当的宏观调控干预。2010 年政府作用对产业生态系统有序水平的影响较大，这可能是由于在金融危机的背景下，中国经济正在经历增长速度的转变和经济结构的调整，在此过程中，政府充分发挥“看得见的手”的作用，实施财政和货币政策，最大限度地减少市场失灵对产业生态系统的负面影响。

8.4 本章小结

基于共生体质量和共生环境表现，本章采用进化动量修正的耦合协调模型测算产业生态系统的有序水平。几字弯地区产业生态系统的有序度在研究时序内小幅波动，整体呈现 W 形发展轨迹。有序水平较低的城市包括呼和浩特、石嘴山、银川、临汾、太原，其中除了石嘴山和临汾为资源型城市外，其余三个都为省会城市。有序水平较高的城市包括巴彦淖尔、吴忠、中卫、鄂尔多斯、忻州和延安，包括省会城市之外的所有非资源型城市。省会城市和资源型城市的产业生态系统有序度整体较低，而非资源型城市有序度较高。

基于共生体质量和共生模式水平，本章测算了产业生态系统的成熟水平。几字弯地区产业生态系统成熟等级差异化明显，西北部的产业生态系统成熟等级整体优于东南部。从省级尺度来看，内蒙古自治区的产业生态系统成熟等级较高，且整体有所上升；陕北地区的产业生态系统成熟等级有所下滑；宁夏回族自治区和山西省的产业生态系统成熟等级变化分异明显。

基于复合系统的成熟水平和有序水平，本章测算了几字弯地区的产业生态化水平。从空间分异来看，内蒙古自治区的产业生态化水平整体较高，而山西省和宁夏回族自治区的产业生态化水平较低。从城市尺度来看，鄂尔多斯、太原和延安的产业生态化水平在高位保持，而石嘴山、吴忠、临汾、吕梁、朔州、榆林的产业生态化水平较低。

通过地理探测器和有序 Probit 模型，本章尝试识别产业生态系统成熟度和有序度的影响因素。研究结论显示：几字弯地区科技水平、经济发展、开放程度、生态压力、产业结构、城镇化、末端治理水平和政府治理均对共生系统有序度产生了影响；系统的成熟度与科技创新、经济水平、开放程度、污染治理强度和产业结构呈正相关，与城市化水平、资源消耗量、政府管理呈负相关。

第9章

结论与展望

9.1 研究创新

本研究在前人研究的基础上进行了进一步探索，主要的创新点概括如下。

第一，研究视角和评价尺度有所创新。现有关于产业生态化的研究过于简单地考虑经济发展需求与生态保护需求之间的联系，将研究重点放在生态环境的约束和对产业经济的改造上，并且研究尺度多集中在单一时空的小尺度上，缺乏大尺度的区域视角。基于对复合系统的结构特征与运行机制的分析，参照共生系统的构成，本书构建的产业生态系统包括共生单元、共生模式和共生环境三部分的评价主体，通过系统分析和定量模型的方法分别对复合系统的共生环境可持续水平、共生单元的高质量发育水平和共生模式进行评价，继而构建由共生单元和共生模式决定的成熟度指标和由共生单元和共生环境决定的有序度指标。从复合系统功能上的成熟和结构上的有序两个维度确定区域产业生态化水平，可以更加真实地反映产业生态化水平。这一研究框架是在详细论证共生系统结构、系统关系、系统发展基础上构建起来的，为区域尺度的产业生态系统的研究提供了一种新的研究视角。

第二，研究内容是对人地关系理论的扩充。现有关于产业生态化的评价研究多是基于要素素质和特征指数，缺少从系统科学和共生理论视角开展的有关产业生态系统的评价研究。在人地关系耦合过程中，社会经济系统是驱动环境变化的主因，对于产业经济系统这类高强度的经济开发过程，需要探寻问题导向下的人地关系优化途径和和谐共生调控路径。作为解决产业问题、增进社会福利和保持竞争力的重要手段，产业生态化的思想与人地关系追求和谐共生是一脉相承的。本书按照“理论—方法—方案”的逻辑展开的研究是对可持续发展和高质量发展思想的再认识，是对系统科学和人地关系共生理论的扩展，是能够准确测度、科学评价和宏观调控的区域发展实践研究。

第三，评价框架设计以及相关模型的设计和改进有所创新。对于产业生态系统中的共生单元之一的产业经济系统，本书设计的高质量发展“三支点、一保障”评价框架是在结合系统内涵和发展规律的基础上构建的，为产业经济高质量发展提供了理论依据。对于产业生态系统中的另一个共生单元的生态环境系统，本书采用改进的生态足迹模型设计了“数量-效率-结构”高质量发展评价框架。其中，对传统生态足迹模型的改进包括：增加足迹账户、采用基于国家公顷的转换因子、精细化畜牧产品的足迹账户等。对于产业生态系统的共生环境，本书以自然资本作为切入点，构建了包含资本利用、资本配置、资本产出、资本供给、资本功能和资本安全六个维度的S-E-C可持续发展评价框架。通过多边形图示法计算的共生环境可持续发展水平不仅可以表征各维度的静态水平，也可以从整体上观察到可持续水平的动态变化。本书采用灰色LV模型计算共生协调指数以识别产业生态系统的共生模式，不仅简化了评价流程，而且提高了评估精度。同时，通过进化动量对耦合协调模型的修正来计算复合系统有序水平可以更好地反映结构变化的动态特征。本书通过综合共生体质量与共生模式来评价复合系统成熟度有以下优势：可以科学地测度和检测生态阈值以保障生态安全，可以更好地反映系统成熟变化以达到预警和指导的目的，可以更加方便管理者和公众理解与应用评价结果。

9.2 研究结论

首先,本书从系统科学的研究机理出发,找出产业经济系统与生态环境系统相互作用、反馈互动的机制。其次,本书从产业经济学和生态科学及其派生出的共生理论的角度,找出产业经济与生态环境竞争与合作的生态学机理。参照共生系统的构成,本书构建的产业生态系统包括共生单元、共生模式和共生环境三部分的评价主体,并采用模型方法分别对复合系统的共生环境可持续水平、共生单元的高质量发育水平和共生模式识别进行评价。基于以上主体评价结论,本书从复合系统的功能和结构两个维度确定区域产业生态化水平。其中,功能的成熟度由共生单元和共生模式决定,结构有序度由共生单元和共生环境决定。在提出产业生态化评价框架的基础上,本书以几字弯地区作为研究区域进行实证分析。本书紧紧围绕产业生态化评价的主题,从理论到实证,逐步展开研究,主要形成以下结论。

1.几字弯地区产业经济系统高质量发展特征

几字弯地区产业经济系统的发展质量具有空间不均衡和相对稳定的特点。空间差异先缩小后扩大,并且形成了高值与低值的集聚,质量较高的地区主要集中在几字弯中段的内蒙古自治区,质量较低的地区主要集中在黄河几字弯的上游和下游。

从产业发展效率表现来看,地区内各城市的单要素生产率均在提高。虽然技术进步保持了良好的增长势头,促进了全要素生产率的持续增长,但要素配置效率和要素使用效率的降低极大地阻碍了全要素生产率的提高。

产业发展动力的年际变化并不明显,空间表现差异显著。几字弯地区西北部的内蒙古大部分城市和太原、银川两个省会城市的转型动力表现优异，忻州、大同、朔州、榆林、临汾、延安等典型的资源型城市转型动力较差。

从产业发展质量来看，几字弯地区的产业结构整体向合理化、高级化转变。省会城市的产业结构整体表现较好，资源型城市的产业结构综合表现较差。几字弯地区的制造业专业化水平整体并不突出，总体呈现出下降的趋势。内蒙古自治区产业多样化水平整体较高，陕北的产业多样化水平较低，大城市和省会城市的产业多样化水平明显高于其他城市。几字弯地区的产业联系松散，关联网络呈现不紧凑的多中心结构。几字弯上游的产业区位指数和产业关联相对较弱，省会城市及其周边二级城市具有较高的产业区位度。城市群之间的产业关联较弱，城市群在一定程度上沿着高区位度的城市发展。同时，研究时序内的产业关联网络密度增大，城市间的产业经济联系还有很大的发展空间。

从产业发展环境来看，几字弯地区经济环境和社会福利均有所改善。本书采用障碍度模型来识别产业经济系统高质量发展的障碍因子，其中科技创新的障碍度最高，能源效率的障碍度下降明显，产业合理化的障碍度增加显著。

2. 几字弯地区生态环境系统高质量发展特征

几字弯地区生态环境系统的发展质量在研究时序内轻微波动，存在明显的空间异质，并形成了一定的空间集聚。几字弯地区南部的生态环境表现优于北部，东部优于西部。

从生态供需维度来看，几字弯地区在研究时序内一直处于生态赤字状态，化石能源用地的生态赤字是制约区域生态环境质量提升的主要因素。几字弯地区东部和西部的人地关系不如中部地区紧张。

从生态福祉效率来看，几字弯地区的生态福祉效率在研究时序内呈V形轨迹，宁夏沿黄城市群和太原城市群优于呼包鄂榆城市群。

从生态承载结构来看，几字弯地区的生态承载结构稳定中略有波动，耕地承载力对区域承载力的贡献率最大，空间分布呈现集聚，且几字弯地区南部的承载结构较北部稳定，东部的承载结构优于西部。

几字弯地区的17个城市可以分为生态环境高质量、生态环境中高质量、生态环境中低质量和生态环境低质量四种类型。整体看来，绝大多数城市的生态环境系统水平属于中等质量类型。以2019年为例，宁夏城市群的城市都属于生态环境中低质量类型，而呼包鄂榆城市群和太原城市群的大部分城市的生态环境都属于中高质量类型。从资源型城市的生态质量分异来看，几字弯地区内仅有的再生型资源城市的生态环境属于中高质量，衰退型资源城市属于中低质量，除临汾外的所有成熟型资源城市都属于中高质量，而发展型资源城市的生态环境质量差异较大。

3. 几字弯地区产业生态系统共生体和共生模式特征

几字弯地区产业生态系统共生体的综合质量在2005—2019年呈上升的趋势。从城市质量分异来看，共生体综合质量常年维持低水平的城市有呼和浩特、石嘴山、包头、榆林和临汾；常年维持中等水平的城市有鄂尔多斯、乌海和银川；常年维持在高等水平的城市只有太原。从共生体质量等级变化情况来看，朔州的产业生态共生体的质量等级有所下降，而太原的等级所有上升。

几字弯地区产业经济系统与生态环境系统的演进还无法突破二者非共生的阶段，以牺牲生态环境实现产业发展的情况还普遍存在，生态环境未能有效支撑起地区的产业经济发展。具体看来，巴彦淖尔、包头、乌海、银川、朔州、太原和延安的产业经济系统发展与生态环境系统发展相互促进、互利共生；鄂尔多斯、中卫、吕梁和忻州的共生关系属于经济受益的单害模式，这类型城市的发展应关注生态环境的高质量转型，在提升生态质量的同时通过共生作用带动产业转型；石嘴山、大同、临汾的共生模式属于生态受益的单害模式，这类型城市的发展重点应为产业经济的高质量转型，在促进经济增长的同时通过共生作用带动生态文明建设；呼和浩特、吴忠和榆林的共生模式属于互害竞争，这类型城市应秉承“生态优先”的准则，在摆脱互害竞争模式后再进行进一步的发展规划。

4. 几字弯地区产业生态系统共生环境可持续发展特征

几字弯地区的可持续发展水平在研究时序内呈 W 形发展趋势，各分项指标均在临界值附近波动，资本安全水平提升明显。大部分城市的可持续发展水平较为稳定并有所改善，4 省份中陕西省的可持续表现最好。从空间分异来看，几字弯地区中部的可持续发展水平较高，且南部优于北部。

从资本利用规模的角度来看，生态足迹深度在自然资源贫乏的地区较高，生态足迹广度在自然资源禀赋丰富的地区较高。基于生态足迹广度和足迹深度，可以将城市分为高强度利用型、中度利用型、温和利用型和低存量占用型四种类型。同时，生态足迹深度和生态足迹广度的排列几乎呈相反趋势，存量资本和流量资本互为补充。

从资本配置公平的角度来看，几字弯地区的自然资本利用趋向公平。宁夏回族自治区的综合基尼系数最高，陕西省的综合基尼系数最低。

从资本产出效益和供给潜力表现来看，几字弯地区资源型城市的资本产出效率相对较低；资本供给潜力整体呈倒 V 形发展趋势，进一步提高资本供给潜力的可靠途径是依靠生物生产性土地的多样化。

从资本功能安全和效益协调的角度来看，几字弯地区的自然资本功能的安全水平整体有所升高，呈现显著的空间集聚，且南部的安全性优于北部，衰退型资源城市的安全性较低。几字弯地区的资本效益协调水平在研究期间呈V形发展趋势，南部的效益协调性高于北部，西部优于东部。

5.几字弯地区基于产业生态系统有序度和成熟度的产业生态化特征

根据共生体和共生环境可以确定共生系统的有序水平。几字弯地区产业生态系统的有序度在研究时序内小幅波动，整体呈现W形发展趋势。有序水平较低的城市包括呼和浩特、石嘴山、银川、临汾、太原，其中除了石嘴山和临汾为资源型城市外，其余三个都为省会城市。有序水平较高的城市包括巴彦淖尔、吴忠、中卫、鄂尔多斯、忻州和延安。省会城市和资源型城市的产业生态系统有序度整体较低，而非资源型城市有序度较高。

根据共生体和共生模式可以确定共生系统的成熟水平。几字弯地区产业生态系统成熟等级差异化明显，几字弯地区西北部的产业生态系统成熟等级整体优于东南部。从省级尺度来看，内蒙古自治区的产业生态系统成熟等级较高，且整体有所上升；陕北地区的产业生态系统成熟等级有所下滑；宁夏回族自治区和山西省的产业生态系统成熟等级变化分异明显。

基于复合系统的成熟水平和有序水平，本章测算了几字弯地区的产业生态化水平。几字弯地区的产业生态化水平整体有所提高。从空间分异来看，内蒙古自治区的产业生态化水平整体较高，而山西省和宁夏回族自治区的产业生态化水平较低。从城市尺度来看，鄂尔多斯、太原和延安的产业生态化水平在高位保持，而石嘴山、吴忠、临汾、吕梁、朔州、榆林的产业生态化水平较低。

通过地理探测器和有序Probit模型，本章尝试识别产业生态系统成熟度和有序度的影响因素。研究结论显示：几字弯地区科技水平、经济发展、开放程度、生态压力、产业结构、城镇化、末端治理水平和政府治理均对共生系统有序度产生了影响;系统的成熟水平与科技创新、经济水平、开放程度、污染治理强度和产业结构呈正相关,与城市化水平、资源消耗量、政府管理呈负相关。

9.3 对策建议

在提出促进产业生态化的对策建议之前,需要首先厘清产业生态化的目标定位、运行机制和属性要求。

第一,产业生态化的目标定位。

产业生态化的目标是促进产业生态系统功能的成熟与结构的有序。产业经济系统与生态环境系统有着密切的联系,生态环境系统的高质量发展是产业经济系统高质量发展的前提和保障,高质量的产业经济系统能够为改善和优化生态环境提供技术与资金支撑。几字弯地区生态环境系统整体较为脆弱,现有研究往往强调生态保护与资源节约而盲目限制产业发展,但是,我们必须认识到中国的产业经济发展在未来很长的时间内仍然无法摆脱资源依赖。对于几字弯地区来说,产业生态化的发展目标不应设定在生态质量不受影响,或者物质减量或物质循环上,而是要在更高的层面上追求产业经济系统与生态环境系统的高质量发展、系统之间的互利共生和区域的社会-经济-生态可持续发展,最终充分实现产业生态系统功能的成熟与结构的有序。

第二,产业生态化的运行机制。

产业生态化的实现需要充分发挥政府与市场的作用。目前,几字弯地区高质量的产业转移和外来投资仍然十分紧缺,并且区域经济发展相对落后,人才流失的情况也十分严重。这意味着该区域在环境保护、新兴产业发展和传统产业振兴方面缺少充分的资金保障,几字弯地区的发展特别需要国家力量的支持,只有通过建立和完善相关政策法规来规范经济主体，通过激励性政策引导产业活动生态化，才可能帮助该地区走出战略困境，实现生态保护与经济高质量发展。在这个过程中，只有将生态资本寓于理性选择当中，通过制度手段进行约束与激励，采用经济信号将生态稀缺变为经济稀缺，才能通过损益机会促使经济主体做出理性决策，形成产业生态化的内生性驱动力，也就是说，产业生态化的过程需要政府、社会、市场经济的协同作用。其中，市场作为配置稀缺资源的最优途径，必须充分发挥其真正的作用，否则便会如本书研究结论一样，在市场化欠缺背景下的政府治理，甚至会对系统成熟水平产生负面影响。几字弯地区的产业生态化必须走符合中国特色社会主义市场规律的道路，充分发挥"看不见的手"和"看得见的手"的共同作用，协调好市场与政府的关系，优化资源配置效率和市场流动渠道。

第三，产业生态化的属性要求。

区域尺度的产业生态化要求从区域的时空属性出发，具体问题具体分析。由于中国与发达国家的国情不同，因此发展的路径也应有所区别。从时间序列演变角度来看，产业生态系统的发展需要遵循经济学规律缓慢推进，因此在评价产业生态化时就需要保持发展的、动态的眼光来确定发展路径。现有在实践中推行的产业生态园、废物回收网络、清洁生产等方式方法固然可取，然而立足长远的、发展的战略定位而言，更应该注重产业结构调整、产业布局优化、产业创新能力提升等。从空间角度来看，区域产业生态化需要充分考虑到区域的差异性，处理好不同区域共生系统的成熟与有序：一方面，要在保证生态环境高质量发展的前提下，结合区域共生环境建立与之相适应的产业经济系统；另一方面，不仅要促进区域产业经济系统与生态环境系统的良性互动，还要从更大的空间尺度把握产业生态化的战略。

综上所述，本书提出了几字弯地区推进产业生态化的"提高质量、促进协同、重点应对、做好保障"的发展战略，具体如下。

9.3.1　提升产业发展质量，扩大开放，加强创新

几字弯地区的重工业仍以国有企业为主，导致国有经济比重过高，体制创新不足。在国际竞争优势转移的背景下，资源优势逐渐丧失、创新驱动缺乏和产业结构不合理成为该地区产业高质量发展的首要障碍。在此背景下，几字弯地区应该延伸产业链、推进产业分工和产业结构升级，从而整体提升区域产业经济系统质量水平。同时，借助互联网＋，在供给侧结构性改革的背景下，通过对地方企业的引导，加快形成具有地方特色和发展优势的产业集群。几字弯地区是中国传统农业区和国家重要的粮食产区，应积极整合绿色生态链，持续发展现代加工业和特色农业，保障优质农畜产品供应、国家粮食安全及社会稳定。例如，呼和浩特的乳产业及陕北的水果产业等可积极推动农产品深加工和发展绿色产业。针对重点产业，继续推进相关军工、航空航天、制造设备等产业集群的升级，提升重工业基地和国有企业的竞争力。同时，加强第二产业与第三产业互动，大力发展服务型制造业，推广定制化服务、供应链管理等新型发展模式，培育物流、电子商务等新型生产性服务业，逐步形成多元化支撑的现代产业体系。几字弯地区作为资源型城市的聚集区，在经济新常态下，各级政府需贯彻好五大发展理念，转换新旧动能，将“政策性负担”从企业中剥离开来，对于转型动力较弱的资源型城市，可以通过构建创新驱动机制、依靠制度创新机制、设计政策激励机制来摆脱路径依赖，提升产业转型动能。在不断挖掘传统产业潜力的基础上，资源型城市和生态环境质量落后的城市应发展继承性产业，升级具有创意内涵和品牌价值的老工业区，以工业遗迹突出工业文化，培育新的经济增长极。例如，考虑到黄河流域独特的人文空间与地理空间，几字弯地区可以重点发展以展示和提升黄河文明为精髓的休闲旅游，如红色文明、边塞文化、黄土高原等主题。

几字弯地区应该加大对外开放力度,加快培养科技创新动力。研究结果表明,提高开放水平可以促进产业生态化,因此,各级政府应加大资金扶持和政策引导,重视人才的引进和培养,充分利用“一带一路”倡议优势,进一步加大对外开放力度,以吸引更高质量的外国投资,尤其是产业区位度障碍度较高的上游地区,应特别注意把握机会、优化产业结构、加强产业关联、改善产业定位。同时,各级政府应通过制定政策、简化审批程序、税收优惠、产权保护等来优化投资环境与吸引绿色和高端的投资。科技创新是制约几字弯地区产业经济系统高质量发展的首要障碍因子,并且对于促进产业生态化具有积极的影响。因此,几字弯地区可以通过建立高质量的科创平台为产业生态化转型培育新动能,并经产学研用深度融合,将科技创新成果运用于地区的发展。目前发达国家的再工业化和中国的产业转型处于同一窗口期,竞合关系和比较优势有了明显的变化,有关技术密集的产品和高端产业链的正面竞争愈加频繁。发达国家为了维护本国利益,加强了对我国的封锁和限制,对外并购、高技术产品进口和产品出口的争端显著增多,并且这个势头还在向一些传统产品的进出口延伸,导致我国的全球产业布局和进出口结构优化的难度增大,进一步侵占了国内产业的发展和转型空间。例如,美国商务部将中兴通讯股份有限公司等中国企业列入“实体清单”[277],蚂蚁金服收购速汇金的交易被否决等[278]。同时,后疫情时代复杂全球贸易格局的影响使得贸易交流和技术交流的难度进一步增大[279]。这也解释了外国直接投资对产业经济系统发展质量的高障碍度。加之外国直接投资不仅可以表征技术引进的强度,而且在一定程度上可以促进产业转移[280]。在此背景下,几字弯地区应该顺应新形势,把握好双循环,提升科研创新水平,培育以人工智能和大数据为载体的人工智能产业和信息服务业,在政策指导下从被动吸收资本转变为主动招商引资,提高对人才、技术和资金的吸引能力,使整个流域参与到全国和全球的产业分工协作中。

9.3.2 构建跨区治理框架,促进要素流动配置

黄河流域作为自然流域景观,其产业经济系统和生态环境系统具有整体性,河流的流动性推动了上下游之间、南北两岸的空间联系和资源共享,各种自然和社会要素在上游和下游之间、干流和支流之间相互作用,因此,几字弯地区的一体化发展已成为产业生态化的内在要求。几字弯地区应该重视流域发展的协同性、整体性和系统性,在认识产业生态化水平的不平衡和异质化的基础上,应以综合管理和协同发展为研究重点,这需要在综合管理框架下的政策、市场、资源和经济体多方参与。

几字弯地区应构建跨区域的综合治理框架,采用网络治理模式统筹生态环境和产业经济之间的关系,促进区域协同发展。几字弯地区应通过设立高级别的流域规划和统筹机构,突破行政壁垒,以发挥各城市的比较优势和资源禀赋,协调解决省级层面的关键问题。在制定和实施产业政策时,几字弯地区需要充分考虑区域差异,突破行政壁垒的限制。基于流域生态资源的条件特色和新时代的产业分工,流域应减少资源要素的盲目流动和重复建设,形成上下游联动机制和合理的产业布局。同时,几字弯地区需逐步完善和建立整个流域的基础设施和服务设施,推动人口向城镇集聚。对于资源型城市和生态环境低质量的城市,可以采取扶持政策,进一步完善公共服务设施,加强交通基础设施建设,提高城市功能和交通可达性。例如,通过构建跨省区的资本、人才和技术联系通道,促进包头、呼和浩特和兰州等中心城市的错位发展。同时,通过促进要素的自由流动和有效配置,加快协调产业经济的发展规划,实现优势互补,并对于重点区域的重点行业进行重点投入来发挥集聚经济效益,从而促进区域的协同发展。总体上,从产业经济系统高质量发展的分异角度来看,几字弯地区上游是产业经济高质量发展的关键区域,需要突破发

展瓶颈,寻求改善空间;几字弯地区中游的内蒙古自治区产业经济整体发展质量较好,可以成为示范和引领地区;几字弯地区下游是未来产业高质量发展的关键,需要因地制宜制定发展战略。

9.3.3 考虑区域发展差异,制定合理战略规划

基于国家战略,产业生态化应树立“重点应对”的方针。几字弯地区自然基础和发展水平差距很大,因此应根据不同地区社会经济、资源禀赋和自然条件差异,对发展相对落后的、生态环境系统和产业经济系统低质量的、急需产业转型的资源型城市给予政策倾斜。本书综合运用地理学的空间优化思想和管理学的结构调整、机制完善等思想,在此提出产业生态化的路径和调控机制,并认为要有针对性地制定发展战略。

对资源型城市而言,需结合不同城市的发展情况制定相应的发展战略。例如,包头作为生态环境中高质量的再生型资源城市,政府应引导其创新发展、高质量发展,并建立可持续发展的长效机制。对于衰退型资源城市乌海和石嘴山,其发展重心应该放在发展替代产业上。成熟型的资源城市意味着资源供应稳定,转型相对成功。几字弯地区的所有成熟型资源城市除了临汾外,都属于生态环境系统质量中高等级,这类型城市需要把重点放在延长产业链和内化环境成本上。几字弯地区的发展型资源城市包括朔州、鄂尔多斯、延安和榆林,虽然这类型城市的主导产业都是资源型产业,但其自身经济发展水平和生态系统发展质量差异明显。这类型城市应提高资源开发的准入门槛,在转型过程中根据自己的核心矛盾制定发展战略。

从解决产业经济发展与生态环境保护的矛盾角度来看,可以针对不同城市的矛盾类别选择不同的发展路径。例如,鄂尔多斯、中卫、吕梁和忻州属于经济受益的单害模式:如果将发展重心放在产业经济增长,则生态环境会受到较小的冲击;但是,如果专注于生态环

境质量提升，则会带动产业经济的高质量发展。因此，这类型城市的发展应聚焦生态环境的高质量转型，在提升生态环境质量的同时，通过共生作用带动产业转型。石嘴山、大同、临汾属于生态受益的单害模式：产业经济系统发展有利于优化生态环境，而专注生态改善会抑制产业经济发展。因此，这类型城市的发展重点应为产业经济的高质量转型，在促进经济增长的同时，通过共生作用带动生态文明建设。对于发展与保护矛盾相对突出的城市，如呼和浩特、吴忠和榆林，应秉承“生态优先”的准则，在摆脱经济与生态互害竞争的模式后再进行进一步的发展规划。

城市化与人口密度水平息息相关，本书研究发现城市化与系统成熟度水平负相关。因此，新型城市化既要注重人口要素和生产要素在数量和规模上的增长与扩大，同时也要注重发展质量的提高和人口、经济、自然的协调。几字弯地区应以高质量发展理念为指导，统筹推进强调产业互动和节约集约的新型城镇化，在推进绿色、循环和低碳发展的同时引导产城融合。同时，将建设用地指标和资本集中投入重点领域和重点优势产业中，集中力量培育区域增长极并重视增长极之间的联系，并积极参与国家层面的区域分工与合作。中心城市和城市群建设作为推动产业生态化的重要载体，应该特别注重它们之间的有效合作与合理分工，如推进鄂尔多斯能源化工基地、宁夏宁东能源化工基地、陕西榆林能源化工基地建设，以及宁夏沿黄城市群、呼包鄂榆城市群、太原城市群的产业集聚区建设。几字弯地区产业联系松散，中心城市带动作用不明显，因此，该地区还需加强中心城市的产业集聚能力，调整产业布局，逐步打造经济引领区，带动能源化工产业的转型升级。例如，作为省会城市和重要能源化工基地的太原，在充分发挥中心城市影响力的同时，需要延伸传统资源型产业的加工链条，通过科研创新打造特色产业集群。

9.3.4 政府主导市场调节，营造良好发展环境

几字弯地区的要素配置效率和要素使用效率在很大程度上阻碍了全要素生产率的提高，在当前的经济转型阶段，几字弯地区的发展需要充分发挥“看得见的手”的作用，积极开展体制机制创新，完善市场机制，通过制度创新释放体制改革的红利，为产业生态化提供良好的发展环境。具体来看，几字弯地区可以通过建立城市可持续发展储备基金和利益共享机制来缩小城市之间的差距，提高内生发展能力；通过建立和完善符合地方情景的重大项目建设生态评估听证制度、环境信息公开制度、水权交易和污染治理制度、生态补偿制度、生态环境损害赔偿责任追究制度、领导干部自然资源资产离任审计制度、自然资源资产产权制度和用途管制制度等，逐步提高环境治理和生态保护的法治水平。同时，该地区需要因地制宜地实施环境监管政策，充分评估产业水平和生态质量，并根据环境污染和产业发展的可行性，采取差异化的环境监管政策，避免因执行严格的环境保护政策而制约发展。研究结论显示，污染治理强度有助于提升产业生态化水平，因此，在加大污染治理投资的同时，应重点支持循环经济和环保产业发展，从源头上遏制污染排放，并通过合理的环境规制手段和产业结构优化的机制提升环保效率。从金融政策支持来看，几字弯地区可以采用优化绿色金融配置效率、创新绿色金融产品、贷款贴息、税收优惠等吸引更多投资参与到生态修复、资源利用和污染防止中，并通过对投资进行严格的监管和绩效评价，提高资金使用的有效性和准确性，避免项目资金挪用。

产业生态化是借助对生态环境市场价值的肯定来促进传统的追求数量增长的发展思路转变为生态经济的高质量发展，其要求在生产函数中将生态要素内生，通过节能降耗增产取得社会、经济、生态效益的统一。产业生态化体现着循环、绿色、低碳的产业发展路径，

与低碳经济的内在要义一致。我国已进入生态文明建设的新阶段，产业生态化对于助力实现碳达峰、碳中和目标大有可为。现有关于产业生态化的实践，如乡村休闲和生态农业、碳排放权交易试点、绿色产业模式、循环经济产业园、生态环保产业园等新商业模式、新业态、新产业，均有助于实现双碳目标。在此背景下，几字弯地区应以产业生态为抓手，进一步推进流域综合质量提升，依托科研院所和重点高校加强生态环境碳汇能力的技术研发和碳排放权交易制度的研究，鼓励科研力量和资金投入环保产业，加快新旧动能转换，以实现减排。

综上所述，几字弯地区产业生态化应以推动生态环境系统和产业经济系统的高质量发展为基础，通过构建分工和协作治理机制，整合和优化资本利用与配置，形成以黄河为纽带、创新为动能、基础设施为保证的产业经济发展方式，其目的是促进产业经济与生态环境的互利共生和区域的可持续发展，最终实现社会、生态、经济效益的协调与统一。

9.4　不足与展望

基于共生理论，本书在详细论证产业生态系统结构、关系和发展的基础上构建了产业生态化的评价框架，为产业生态化研究提供了一种新的研究视角。然而，本书还存在诸多不足，可以从以下三方面进一步完善和深入。

首先，产业生态系统作为一个复杂的复合系统，其评价研究需要大量的数据指标与实际情况来印证。然而，无论是产业经济系统还是生态环境系统，其评价框架的构建只能选择具有代表性的指标，并受到数据可得性的影响，合适的指标可能不是最优的指标，这可能会影响评价框架的全面性和综合性。同时，本书选取了有限的数据进行定量分析，但统计规范变化、统计口径不一和数据缺失等原因均会对评价结果的精确性产生影响。今后，随着统计数据的不断完善，可以通过测度单一类型产业系统的发展情况，更好地开展“重点应对”发展策略的研究。

其次，本书采用的评价模型，包括生态足迹和LV模型等，都是基于现实情形的模拟和简化。同时，模型计算中运用的一些数学估算方法也会使结果产生偏差，因此，今后应进一步完善这些模型和计算方法或向着数理经济学的方向进一步发展，且未来有关产业生态化的理论研究还可以与企业组织理论、演化经济学相结合来继续深入。针对综合指标评价中的赋权问题，今后可以考虑将主观赋权与客观赋权相结合，进一步考虑时空因素，结合不同区域发展目标来调整权重，使权重更加合理、科学，具有更强的指导性。

最后，目前关于产业生态化的研究尚处于初级阶段，产业生态体系尚未完全建立起来，产业生态集群的发展模式仍处于探索阶段。尽管一些地区已经通过摸索和学习，积累了一些构建生态产业园、循环产业园的实践经验，但无论是理论层面还是实践水平，都与发达国家存在很大的差距，研究基础积累不足。同时，由于缺少社会调查，本书在宏观上提出的建议，在实际应用中可能会因为区域差异与发展的复杂联动性而产生不同的情形，加之本书仅针对几字弯地区开展了研究，未探讨其与其他国家及地域的比较，因此针对研究结论所给出的对策和建议需要进一步的思考。未来可研究宏观和微观层面产业生态化的发展案例，对比其他国家和地区的发展路径，进一步提升产业生态战略的客观性和实用性，进而为几字弯地区的发展提供借鉴和参考。

参考文献

[1]习近平.在黄河流域生态保护和高质量发展座谈会上的讲话[J].求是,2019(20):4-11.

[2]刘伟,陈彦斌."两个一百年"奋斗目标之间的经济发展:任务、挑战与应对方略[J].中国社会科学,2021(3):86-102.

[3]中共中央 国务院印发《黄河流域生态保护和高质量发展规划纲要》[EB/OL].(2021-10-08)[2024-12-15].https://www.gov.cn/zhengce/2021-10/08/content_5641438.htm.

[4]吕梁山片区区域发展与扶贫攻坚规划(全文)[EB/OL].(2013-09-18)[2024-12-15].http://cn.chinagate.cn/infocus/2013-09/18/content_30065120.htm.

[5]国家发展改革委关于印发呼包鄂榆城市群发展规划的通知[EB/OL].(2018-03-07)[2024-12-15].https://www.gov.cn/xinwen/2018-03/07/content_5271788.htm.

[6]自治区人民政府办公厅关于印发宁夏回族自治区推进"一带一路"和内陆开放型经济试验区建设"十四五"规划的通知[EB/OL].(2021-09-24)[2024-12-15].https://www.nx.gov.cn/zwgk/qzfwj/202109/t20210924_3044941_wap.html.

[7]陕甘宁革命老区振兴规划(2012—2020 年)[EB/OL].(2012 - 04 - 25)[2024 - 12 - 15]. https://www.gsei.com.cn/html/1312/2012 - 04 - 25/content - 55350.html.

[8]宁夏回族自治区人民政府.自治区人民政府关于宁东能源化工基地“十三五”开发总体规划的批复[EB/OL].(2017 - 03 - 21)[2024 - 12 - 15]. https://www.nx.gov.cn/zwgk/qzfwj/201801/t20180115_668625_wap.html.

[9]邵律,唐天林,万永长.中国经济增长第四极:黄河几字湾经济区构建的战略意义[J].上海经济,2014(4):20 - 25.

[10]杨永春,穆焱杰,张薇.黄河流域高质量发展的基本条件与核心策略[J].资源科学,2020,42:409 - 423.

[11]SUN Y F, WANG N L. Development and correlations of the industrial ecology in China's loess plateau: A study based on the coupling coordination model and spatial network effect[J]. Ecological Indicators, 2021, 132: 108332.

[12]LIFSET R. A metaphor, a field, and a journal[J]. Journal of Industrial Ecology, 1997, 1(1): 1 - 3.

[13]AYRES R U. Industrial metabolism: Theory and policy[M]. Washington: National Academy Press, 1988.

[14]FROSCH R A, GALLOPOULOS N E. Strategies for manufacturing[J]. Scientific American, 1989, 261: 144 - 152.

[15]CÔTÉ R, HALL J. Industrial parks as ecosystems[J]. Journal of Cleaner Production, 1995, 3(1): 41 - 46.

[16]GRAEDEL T E, ALLENBY B R. Industrial ecology[M]. Toronto: Prentice Hall, 1995.

[17]GERTLER N. Industry ecosystems: Developing sustainable industrial structures[D]. Cambridge: Massachusetts Institute of

Technology,1995.

[18]LAMBERT A J D,BOONS F A. Eco-industrial parks:Stimulating sustainable development in mixed industrial parks[J]. Technovation , 2002,22(8):471 - 484.

[19]EHRENFELD J. Putting a spotlight on metaphors and analogies in industrial ecology[J]. Journal of Industrial Ecology, 2003, 7 (1):1 - 4.

[20]FAN H L,CHENG Y. Industry ecology:A perspective on enterprise competition[J]. China Industrial Economy,2004(3):29 - 36.

[21]ERKMAN S. Industrial ecology:A new perspective on the future of the industrial system[J]. Swiss Med Wkly,2001,131(37 - 38).

[22]WU J P,PENG F Y. Development and realization path of industrial ecology[J]. Hunan Social Science,2013(5):149 - 151.

[23]YUAN Z W,BI J. Recent research progress and trend outlook of industrial ecology[J]. Journal of Ecology,2006(8):2709 - 2715.

[24]KAUFMAN S M. Quantifying sustainability:Industrial ecology, materials flow and life cycle analysis[M]. London: Woodhead Publishing,2012.

[25]BRINGEZU S,SCHÜTZ H. Material use indicators for the European Union, 1980—1997: Economy-wide material flow accounts and balances and derived indicators of resource use[M]//OFFICE FOR OFFICIAL PUBLICATIONS OF THE EUROPEAN COMMUNITIES. Eurostat, theme 2 economy and finance. Luxembourg,Wuppertal:Wuppertal Institute,2001.

[26]DAHLSTRÖM K, EKINS P. Eco-efficiency trends in the UK steel and aluminum industries[J]. Journal of Industrial Ecology, 2005,9(4):18.

[27]ODUM H T. Environmental accounting-emergy and environmental decision making[M]. New York:Wiley,1996.

[28]陈媛媛. 基于投入产出分析的产业生态-经济网络优化研究[D]. 南京:东南大学,2016.

[29]LI J,WANG Y L,ZHOU M H. Application of emergy theory in industrial ecosystem analysis[C]. Shanghai,China:Proceedings of the International Conference on Energy,Environment and Sustainable Development(ICEESD 2011),2011.

[30]郭付友,佟连军,刘志刚,等. 山东省产业生态化时空分异特征与影响因素 :基于 17 地市时空面板数据[J]. 地理研究,2019,38:2226 - 2238.

[31]SONG M L,GUAN Y Y,WANG J L,et al. Evaluation of urban industrial ecological transformation in China[J]. Clean Technologies and Environmental Policy,2016,18(8):2649 - 2662.

[32]程钰,李晓彤,孙艺璇,等. 我国沿海地区产业生态化演变与影响因素[J]. 经济地理,2020,40:133 - 144.

[33]刘曙光,王璐,尹鹏,等. 中国地级以上城市产业生态化时空特征及其驱动因素研究[J]. 资源开发与市场,2018,34:1488 - 1493.

[34]张彤. 论流域经济发展[D]. 成都:四川大学,2006.

[35]陈修颖. 流域经济协作区:区域空间重组新模式[J]. 经济经纬,2003(6):67 - 70.

[36]胡碧玉. 流域经济论[D]. 成都:四川大学,2004.

[37]DHAUBANJAR S,LUTZ A F,GERNAAT D E H J,et al. A systematic framework for the assessment of sustainable hydropower potential in a river basin-The case of the upper indus[J]. Science of The Total Environment,2021,786:147142.

[38] HUANG X,QIU L. Analysis of runoff variation and driving

mechanism in Huangfuchuan river basin in the middle reaches of the Yellow River, China[J]. Applied Water Science, 2022, 12(10):234.

[39]WANG J Y, FAN Y F, YANG Y, et al. Spatial-temporal evolution characteristics and driving force analysis of NDVI in the Minjiang river basin, China, from 2001 to 2020[J]. Water, 2022, 14(18):2923.

[40]王奕淇,李国平.基于sd模型的黄河流域生态环境与社会经济发展可持续性模拟[J].干旱区地理,2022,45(3):901－911.

[41]FU J Y, ZANG C F, ZHANG J M. Economic and resource and environmental carrying capacity trade-off analysis in the Haihe river basin in China[J]. Journal of Cleaner Production, 2020, 270:122271.

[42]秦明星,杨翠翠,徐立帅,等.黄河流域生态服务价值与经济协调发展的时空演化研究[J].地球环境学报,2022,13:491－505.

[43]伍新木,李雪松.流域开发的外部性及其内部化[J].长江流域资源与环境,2002(1):21－26.

[44]XIE Y X, ZENG W H, XUE Y L, et al. Realizing sustainable development of Yellow River basin by horizontal eco-compensation based on integrated water rights (iwrs) transactions[J]. Water, 2022, 14(17):2646.

[45]HARIFIDY R Z, HIROSHI I. Analysis of river basin management in Madagascar and lessons learned from Japan[J]. Water, 2022, 14(3):449.

[46]BOUCKAERT F W, WEI Y P, PITTOCK J, et al. River basin governance enabling pathways for sustainable management: A comparative study between Australia, Brazil, China and France[J]. Ambio, 2022, 51(8):1871－1888.

[47]胡芮.黄河流域产业协同集聚对高质量发展的影响研究[D].兰州:兰州财经大学,2022.
[48]马晓翱,郭力.黄河流域产业升级对生态环境影响研究[J].合作经济与科技,2022(9):9-11.
[49]郑峰.长江流域产业链高质量整合与乡村振兴协同的路径选择[J].开发研究,2022(1):51-63.
[50]贺卫华,刘宝亮."双碳"目标下黄河流域产业转型发展的策略选择[J].学习论坛,2022(4):113-119.
[51]赵勇.产业联动视角下黄河流域高质量发展路径研究[D].兰州:兰州财经大学,2021.
[52]安树伟,李瑞鹏.黄河流域高质量发展的内涵与推进方略[J].改革,2020(1):76-86.
[53]张军扩,侯永志,刘培林,等.高质量发展的目标要求和战略路径[J].管理时间,2019,35(7):1-7.
[54]任保平,张倩.黄河流域高质量发展的战略设计及其支撑体系构建[J].改革,2019(10):26-34.
[55]赵剑波,史丹,邓洲.高质量发展的内涵研究[J].经济与管理研究,2019,40:15-31.
[56]魏敏,李书昊.新时代中国经济高质量发展水平的测度研究[J].数量经济技术经济研究,2018,35(11):3-20.
[57]师博,任保平.中国省际经济高质量发展的测度与分析[J].经济问题,2018(4):1-6.
[58]徐辉,师诺,武玲玲,等.黄河流域高质量发展水平测度及其时空演变[J].资源科学,2020,42:115-126.
[59]马海涛,徐楦钫.黄河流域城市群高质量发展评估与空间格局分异[J].经济地理,2020,40:11-18.
[60]杨开忠,董亚宁.黄河流域生态保护和高质量发展制约因素与对

策：基于“要素-空间-时间”三维分析框架[J]. 水利学报，2020，51：1038－1047.
[61]郭晗，任保平. 黄河流域高质量发展的空间治理-机理诠释与现实策略[J]. 改革与战略，2020，4：74－85.
[62]左其亭，姜龙，冯亚坤，等. 黄河沿线省区水资源生态足迹时空特征分析[J]. 灌溉排水学报，2020，39(10)：1－8.
[63]肖黎明，张仙鹏. 黄河流域城市生态福利绩效格局分异及空间收敛分析[J]. 软科学，2020，35(2)：46－53.
[64]张春晖，吴盟盟，张益臻. 碳中和目标下黄河流域产业结构调整的制约因素及其路径[J]. 内蒙古社会科学，2022，43：121－127.
[65]金凤君，马丽，许堞. 黄河流域产业发展对生态环境的胁迫诊断与优化路径识别[J]. 资源科学，2020，42：127－136.
[66]姜长云，盛朝迅，张义博. 黄河流域产业转型升级与绿色发展研究[J]. 学术界，2019(11)：68－82.
[67]徐龙. 高质量发展背景下黄河流域经济增长与水资源利用关系探讨[D]. 郑州：华北水利水电大学，2020.
[68]李林山，赵宏波，郭付友，等. 黄河流域城市群产业高质量发展时空格局演变研究[J]. 地理科学，2021，41：1751－1762.
[69]金凤君. 黄河流域生态保护与高质量发展的协调推进策略[J]. 改革，2019(11)：33－39.
[70]石涛. 黄河流域生态保护与经济高质量发展耦合协调度及空间网络效应[J]. 区域经济评论，2020(3)：25－34.
[71]任保平，豆渊博. 黄河流域生态保护和高质量发展研究综述[J]. 人民黄河，2021，43(10)：30－34.
[72]李小建，文玉钊，李元征，等. 黄河流域高质量发展：人地协调与空间协调[J]. 经济地理，2020，40：1－10.
[73]梁嘉铭. 高质量发展视角下黄河流域景观资源可持续发展的立

法研究[J]. 四川轻化工大学学报(社会科学版),2022,37(3):53-67.

[74]中国国际经济交流中心,美国哥伦比亚大学,阿里研究院. 可持续发展蓝皮书:中国可持续发展评价报告(2020)[R]. 北京,2020.

[75]安树伟,张晋晋. 都市圈带动黄河流域高质量发展研究[J]. 人文杂志,2021(4):22-31.

[76]敖明. 协同推进黄河几字弯能源化工产业高质量发展[J]. 产业经济,2020,6:43-46.

[77]安树伟,张双悦. 黄河"几"字弯区域高质量发展研究[J]. 山西大学学报(哲学社会科学版),2021,44(2):134-144.

[78]SUN Y F,WANG N L. Sustainable urban development of the π-shaped curve area in the Yellow River basin under ecological constraints:A study based on the improved ecological footprint model[J]. Journal of Cleaner Production,2022,337:130452.

[79]周能福,董旭辉,王亚南. 黄河中上游能源化工区重点产业发展战略环境评价研究[M]. 北京:中国环境出版社,2013.

[80]魏向前. 黄河"几"字弯都市圈协同治理的动因、约束与前瞻[J]. 北方民族大学学报,2022(1):152-160.

[81]任保平,杜宇翔. 黄河流域高质量发展背景下产业生态化转型的路径与政策[J]. 人民黄河,2022,44:5-10.

[82]国家统计局. 中国统计年鉴[M]. 北京:中国统计出版社,2005—2019.

[83]中国住房和城乡建设部. 中国城乡建设统计年鉴[M]. 北京:中国经济出版社,2005—2019.

[84]国家林业和草原局. 中国林业和草原统计年鉴[M]. 北京:中国林业出版社,2005—2019.

[85]陕西省统计局. 陕西统计年鉴[M]. 北京:中国统计出版社,2005—2019.

[86]山西省统计局. 山西统计年鉴[M]. 北京:中国统计出版社,2005—2019.

[87]宁夏回族自治区统计局. 宁夏统计年鉴[M]. 北京:中国统计出版社,2005—2019.

[88]内蒙古自治区统计局. 内蒙古统计年鉴[M]. 北京:中国统计出版社,2005—2019.

[89]国家统计局城市社会经济调查司. 中国城市统计年鉴[M]. 北京:中国统计出版社,2005—2019.

[90]TANSLEY A G. The use and abuse of vegetational concepts and terms[J]. Ecology,1935,16(3):284 - 307.

[91]王孟本."生态环境"概念的起源与内涵[J]. 生态学报,2003(9):1910 - 1914.

[92]生态环境是个系统,系统治理方能药到病除[EB/OL]. (2019 - 03 - 14)[2024 - 12 - 25]. https://www.mee.gov.cn/xxgk/hjyw/201903/t20190314_695769.shtml.

[93]王节. 甘肃省产业经济系统演化的混沌性分析[D]. 兰州:兰州大学,2013.

[94]郭亮. 产业经济系统结构演进的系统动力学模型研究[D]. 大连:大连理工大学,2007.

[95]王彦龙. 区域创新生态系统安全性研究[D]. 西安:西安理工大学,2021.

[96]张小燕. 我国区域创新生态系统共生性研究[D]. 哈尔滨:哈尔滨工程大学,2020.

[97]邱跃华. 科学发展观时域下我国产业生态化发展研究[D]. 长沙:湖南大学,2013.

[98]范树平.产业结构优化与土地利用效益提升的共生关系研究[D].南京:南京农业大学,2018.

[99]张青峰.黄土高原生态经济分区研究[D].杨凌:西北农林科技大学,2008.

[100]盖凯程.西部生态环境与经济协调发展研究[D].成都:西南财经大学,2008.

[101]张志强,徐中民,程国栋.可持续发展下的生态经济学理论透视[J].中国人口·资源与环境,2003,13(6):1-7.

[102] BRUNDTLAND G H. Our common future[M]. Oxford: Butterworth-Heinemann,1991.

[103]牛文元.可持续发展理论的内涵认知:纪念联合国里约环发大会20周年[J].中国人口·资源与环境,2012,22:9-14.

[104]李爱敏."人类命运共同体":理论本质、基本内涵与中国特色[J].中共福建省委党校学报,2016(2):96-102.

[105]杨皓然.习近平新时代生态经济体系的理论逻辑与实践探索[J].攀登,2019,38(6):1-7.

[106]王爱民,樊胜岳,刘加林,等.人地关系的理论透视[J].人文地理,1999(2):43-47.

[107]王恩涌.关于"人地关系"的发展与认识[J].人文地理,1991(3):1-7.

[108]吴传钧.论地理学的研究核心:人地关系地域系统[J].经济地理,1991(3):1-6.

[109]方修琦,张兰生.论人地关系的异化与人地系统研究[J].人文地理,1996(4):8-13.

[110]蔡运龙.科学技术在人地关系中的作用[J].自然辩证法研究,1995(2):17-22.

[111]焦宝玉.人与环境相互作用理论:人地关系理论及其调控[J].环

境保护与循环经济,2011,31(3):14-16.
[112]付孟泽.人地关系视角下乡村聚落空间形态演变与发展研究[D].天津:天津大学,2019.
[113]郑度.21世纪人地关系研究前瞻[J].地理研究,2002(1):9-13.
[114]郝兆印,王成新,白铭月,等."两山论":人地关系理论的中国实践与时代升华[J].中国人口·资源与环境,2022,32:136-144.
[115]杨青山,梅林.人地关系、人地关系系统与人地关系地域系统[J].经济地理,2001(5):532-537.
[116]刘彦随.现代人地关系与人地系统科学[J].地理科学,2020,40(8):1221-1234.
[117]金碚.工业的使命和价值:中国产业转型升级的理论逻辑[J].中国工业经济,2014(9):51-64.
[118]李孟刚,蒋志敏.产业经济学理论发展综述[J].中国流通经济,2009,23:30-32.
[119]马广奇.产业经济学在西方的发展及其在我国的构建[J].外国经济与管理,2000(10):8-15.
[120]张欲非.区域产业生态化系统构建研究[D].哈尔滨:哈尔滨工业大学,2007.
[121]贝塔朗菲.一般系统论:基础、发展和应用[M].北京:清华大学出版社,1987.
[122]汪寿阳,胡毅,熊熊,等.复杂系统管理理论与方法研究[J].管理科学学报,2021,24(8):1-9.
[123]PARACER S,AHMADJIAN V. Symbiosis:An introduction to biological associations[J]. The Bryologist,1988(5):89.
[124]袁纯清.共生理论及其对小型经济的应用研究[J].改革,1998(2):100-104.

[125]朱鹏颐，黄新焕. 共生理论视角下创新农业生态经济研究范式[J]. 生态学报，2017，37(20)：6945－6952.

[126]陶永宏. 基于共生理论的船舶产业集群形成机理与发展演变研究[D]. 南京：南京理工大学，2005.

[127]胡晓鹏，李庆科. 生产性服务业与制造业共生关系研究：对苏、浙、沪投入产出表的动态比较[J]. 数量经济技术经济研究，2009(2)：14.

[128]ZACCARO S J，HORN Z N J. Leadership theory and practice：Fostering an effective symbiosis[J]. The Leadership Quarterly，2003，14(6)：769－806.

[129]MOORE J F. Predators and prey：A new ecology of competition[M]. Harvard：Harvard Business School Press，1999.

[130]KOGUT B. The stability of joint ventures：Reciprocity and competitive rivalry[J]. Journal of Industrial Economics，1989(38)：183－198.

[131]PARK S H，RUSS M V. When competition eclipses cooperation：An event history analysis of joint venture failure[J]. Management Science，1996，42(6)：875－890.

[132]袁纯清. 金融共生理论与城市商业银行改革[M]. 北京：商务印书馆，2002.

[133]卞崇道. 融合与共生：东亚视域中的日本哲学[M]. 北京：人民出版社，2008.

[134]何自力，徐学军. 生物共生学说的发展与在其他领域的应用研究综述[J]. 企业家天地(理论版)，2006(11)：138－141.

[135]赵红，陈绍愿，陈荣秋. 生态智慧型企业共生体行为方式及其共生经济效益[J]. 中国管理科学，2004，12(6)：130－136.

[136]张艳. Eips 工业共生系统构建与结点关系研究[J]. 武汉理工大

学学报,2009,31(23):170 - 172.

[137]郭莉,苏敬勤.基于 logistic 增长模型的工业共生稳定分析[J].预测,2005(1):25 - 29.

[138]陈飞飞.循环共生理念下的生态产业园规划设计与评价研究[D].兰州:兰州理工大学,2020.

[139]WANG C H, HOU Y L, XUE Y J. Water resources carrying capacity of wetlands in Beijing: Analysis of policy optimization for urban wetland water resources management[J]. Journal of Cleaner Production, 2017, 161: 1180 - 1191.

[140]WACKERNAGEL M, REES W. Our ecological footprint: Reducing human impact on the earth [M]. Toronto: New Society Publishers, 1995.

[141]AL-MULALI U, SABOORI B, OZTURK I. Investigating the environmental Kuznets curve hypothesis in vietnam[J]. Energy Policy, 2015, 76: 123 - 131.

[142]GAO J X, TIAN M R. Analysis of over-consumption of natural resources and the ecological trade deficit in China based on ecological footprints[J]. Ecological Indicators, 2016, 61: 899 - 904.

[143]LI T H, WEN X L. Local ecological footprint dynamics in the construction of the three gorges dam [J]. Resources, Conservation and Recycling, 2018, 132: 314 - 323.

[144]NIXON S W, FULWEILER R W. Ecological footprints and shadows in an urban estuary, narragansett bay, RI(USA)[J]. Regional Environmental Change, 2012, 12(2): 381 - 394.

[145]JORGENSON A, RICE J. Structural dynamics of international trade and material consumption: A cross-national study of the ecological footprints of less-developed countries[J]. Journal of

World-Systems Research,2005,XI:57 - 78.

[146]KUZYK L W. The ecological footprint housing component: A geographic information system analysis [J]. Ecological Indicators,2012,16:31 - 39.

[147]KLEIN-BANAI C,THEIS T L. An urban university's ecological footprint and the effect of climate change[J]. Ecological Indicators, 2011,11(3):857 - 860.

[148]MARRERO M,PUERTO M,RIVERO-CAMACHO C,et al. Assessing the economic impact and ecological footprint of construction and demolition waste during the urbanization of rural land[J]. Resources, Conservation and Recycling, 2017, 117:160 - 174.

[149]LOTKA A J. Elements of physical biology[J]. Nature,1925, 116(2917):461.

[150]VOLTERRA V. Variazioni e fluttuazioni del numero d'individui in specie animali conviventi [J]. Memoria della Regia Accademia Nazionale dei Lincei,1926,2 Series 6:31 - 113.

[151]LAURO F M,DEMAERE M Z,YAU S,et al. An integrative study of a meromictic lake ecosystem in antarctica[J]. The ISME Journal,2011,5(5):879 - 895.

[152] SZOLNOKI A, MOBILIA M, JIANG L L, et al. Cyclic dominance in evolutionary games: A review[J]. Journal of The Royal Society Interface,2014,11:20140735.

[153] SOLOVEICHIK D, SEELIG G, WINFREE E. DNA as a universal substrate for chemical kinetics[J]. Proceedings of the National Academy of Sciences of the United States of America, 2010,107(12):5393 - 5398.

[154]BAO J H,MAO X R,YIN G,et al. Competitive Lotka-Volterra population dynamics with jumps[J]. Nonlinear Analysis: Theory,Methods & Applications,2011,74(17):6601-6616.

[155]ZHANG R,WANG Y,WANG K B,et al. An evaluating model for smart growth plan based on bp neural network and set pair analysis [J]. Journal of Cleaner Production,2019,226:928-939.

[156]XIA M,HE X W,ZHOU Y B. Symbiosis evolution of science communication ecosystem based on social media: A Lotka-Volterra model-based simulation[J]. Complexity, 2021, 15:6655469.

[157]JI J Y,GUO X,ZHANG Y. The study of symbiotic relationships between the economic and the ecological system of China's mariculture industry—An empirical analysis of 10 coastal regions with Lokta-Volterra model[J]. Regional Studies in Marine Science, 2021,48:102051.

[158]GAO L H,NING J,BAO W L T Y,et al. A study on the marine ecological security assessment of Guangdong-Hong kong-Macao great bay area[J]. Marine Pollution Bulletin, 2022,176:113416.

[159]王嵩,孙才志,范斐. 基于共生理论的中国沿海省市海洋经济生态协调模式研究[J]. 地理科学,2018,38(3):342-350.

[160]WU L F,WANG Y N. Estimation the parameters of Lotka-Volterra model based on grey direct modelling method and its application[J]. Expert Systems with Applications,2011,38(6): 6412-6416.

[161]WU L F,LIU S F,WANG Y N. Grey Lotka-Volterra model and its application[J]. Technological Forecasting and Social

Change,2012,79(9):1720 - 1730.

[162]MAO S H,ZHU M,WANG X P,et al. Grey Lotka-Volterra model for the competition and cooperation between third-party online payment systems and online banking in China [J]. Applied Soft Computing Journal,2020,95:106501.

[163]ZHANG Y,HUANG G Q. Grey Lotka-Volterra model for the co-evolution of technological innovation,resource consumption,environmental quality,and high-quality industrial development in Shaanxi province, China [J]. Environmental Science and Pollution Research,2021,28(41):57751 - 57768.

[164] WANG Z X, ZHU H T. Testing the trade relationships between China, Singapore, Malaysia and Thailand using grey Lotka-Volterra competition model [J]. Kybernetes, 2016, 45 (6):931 - 945.

[165]庞庆华,周未沫,李铭珍. 江苏省金融集聚、区域创新和生态效率时空耦合协调[J]. 华东经济管理,2020,34(5):33 - 41.

[166]CHENG X,LONG R Y,CHEN H,et al. Coupling coordination degree and spatial dynamic evolution of a regional green competitiveness system-A case study from China[J]. Ecological Indicators,2019,104:489 - 500.

[167]马丽,金凤君,刘毅. 中国经济与环境污染耦合度格局及工业结构解析[J]. 地理学报,2012,67(10):1209 - 1377.

[168]TANG Z. An integrated approach to evaluating the coupling coordination between tourism and the environment [J]. Tourism Management,2015,46:11 - 19.

[169]王少剑,方创琳,王洋. 京津冀地区城市化与生态环境交互耦合关系定量测度[J]. 生态学报,2015,35:2244 - 2254.

[170]钟子倩. 生态与经济融合共生的动力机制构建研究[D]. 南昌：江西师范大学,2016.

[171]ODUM E P. Principles of ecology[M]. Beijing: Higher Education Press,2009.

[172]PAN W, WANG J, LU Z, et al. High-quality development in China: Measurement system, spatial pattern and improvement paths[J]. Habitat International,2021,118:102458.

[173] YANG Y X, REN L, DU Z H, et al. Measurement and spatiotemporal analysis of high-quality development of China's industry[J]. PloS one,2021,16(12):e0259845.

[174]崔耕瑞. 中国产业高质量发展水平测度及评价[J]. 经济实证,2022(5):85－90.

[175]柳天恩,武义青. 雄安新区产业高质量发展的内涵要求、重点难点与战略举措[J]. 西部论坛,2019,29(4):116－124.

[176]李英杰,韩平. 数字经济下制造业高质量发展的机理和路径[J]. 宏观经济管理,2021(5):36－45.

[177]余泳泽,段胜岚,林彬彬. 新发展格局下中国产业高质量发展：现实困境与政策导向[J]. 宏观质量研究,2021,9(4):78－98.

[178]涂圣伟. 我国产业高质量发展面临的突出问题与实现路径[J]. 中国发展观察,2018(14):13－17.

[179]刘璟. 基于原创性创新价值网的产业高质量发展动力重塑研究[J]. 广西社会科学,2021(5):109－119.

[180]付晨玉,杨艳琳. 中国工业化进程中的产业发展质量测度与评价[J]. 数量经济技术经济研究,2020,37(3):3－25.

[181] SHAMKHI M K, AHMED D A, HAMEED M O. The effectiveness of the manufacturing industry in Iraq [J]. Materials Today: Proceedings,2021,60:1223－1228.

[182] ZHANG H R, ZHANG J W, SONG J F. Analysis of the threshold effect of agricultural industrial agglomeration and industrial structure upgrading on sustainable agricultural development in China[J]. Journal of Cleaner Production, 2022, 341:130818.

[183] CHO H, LEE J S. Does transportation size matter for competitiveness in the logistics industry? The cases of maritime and air transportation[J]. The Asian Journal of Shipping and Logistics, 2020, 36(4):214 - 223.

[184] TSAI P H. Strategic evaluation criteria to assess competitiveness of the service industry in Taiwan [J]. Journal of Policy Modeling, 2020, 42(6):1287 - 1309.

[185] ZHANG Y S, LI X, SU Q. Does spatial layout matter to theme park tourism carrying capacity? [J]. Tourism Management, 2017, 61:82 - 95.

[186] 张慧君. 构建支撑高质量发展的现代化国家治理模式:中国经验与挑战[J]. 经济学家, 2019(11):23 - 32.

[187] HONG Y, LIU W, SONG H. Spatial econometric analysis of effect of new economic momentum on China's high-quality development [J]. Research in International Business and Finance, 2022, 61:101621.

[188] GILL I, KHARAS H, BHATTASALI D, et al. An east asian renaissance: Ideas for economic growth[R]. Washington, 2007.

[189] CHEN L M, YE W Z, HUO C J, et al. Environmental regulations, the industrial structure, and high-quality regional economic development: Evidence from China[J]. Land, 2020, 9(12):517.

[190] LIU H X, XIE Z T, SONG X. The impact of industrial structure

change on economic growth [C]. 11th Annual International Conference on Management Science and Engineering Management (ICMSEM). Japan, Kanazawa, 2017.

[191] MARSHALL A. Principles of economics [M]. London: Macmillan, 1920.

[192]苗长虹，王海江. 城市经济区位度与沿黄三城市群空间经济联系研究[J]. 黄河文明与可持续发展，2012(2)：21－31.

[193]EHIGIAMUSOE K U, LEAN H H, CHAN J H. Influence of macroeconomic stability on financial development in developing economies: Evidence from West African region [J]. The Singapore Economic Review, 2020, 65(4): 837－856.

[194]BRUNTLAND G. Our common future: Un world commission on environment and development[R]. London, 1987.

[195]FU X L, PIETROBELLI C, SOETE L. The role of foreign technology and indigenous innovation in the emerging economies: Technological change and catching-up [J]. World Development, 2011, 39(7): 1204－1212.

[196] CUTLER H, DAVIES S. The economic consequences of productivity changes: A computable general equilibrium (cge) analysis[J]. Regional Studies, 2010, 44(10): 1415－1426.

[197]SUN Y F, WANG N L. Eco-efficiency in China's loess plateau region and its influencing factors: A data envelopment analysis from both static and dynamic perspectives[J]. Environmental Science and Pollution Research, 2021, 29: 483－497.

[198]徐海平，王岳龙. 我国城乡收入差距与全要素生产率[J]. 金融研究，2010(10)：54－67.

[199]刘满凤，陈梁，廖进球. 环境规制工具对区域产业结构升级的影

响研究：基于中国省级面板数据的实证检验[J]. 生态经济，2020，36(2)：152－159.

[200]徐茉，陶长琪. 双重环境规制、产业结构与全要素生产率：基于系统 GMM 和门槛模型的实证分析[J]. 南京财经大学学报，2017(1)：8－17.

[201]干春晖，郑若谷，余典范. 中国产业结构变迁对经济增长和波动的影响[J]. 经济研究，2011，46(5)：4－16.

[202]黄庆华，时培豪，胡江峰. 产业集聚与经济高质量发展：长江经济带 107 个地级市例证[J]. 改革，2020(1)：87－99.

[203]李金滟，宋德勇. 专业化、多样化与城市集聚经济：基于中国地级单位面板数据的实证研究[J]. 管理世界，2008(2)：25－34.

[204]何伟纯，乔墩墩，丁志伟，等. 中原经济区城市相互关联的时空格局研究[J]. 地域研究与开发，2017，36：19－26.

[205]BAI X，JIN J L ZHOU R X，et al. Coordination evaluation and obstacle factors recognition analysis of water resource spatial equilibrium system [J]. Environmental Research, 2022, 210：112913.

[206]ZHANG F T，SUN C C，AN Y Z，et al. Coupling coordination and obstacle factors between tourism and the ecological environment in Chongqing, China: A multi-model comparison [J]. Asia Pacific Journal of Tourism Research，2021，26(7)：811－828.

[207]徐雪莲. 高质量发展视角下资源型城市产业转型升级新动能培育机制研究[D]. 武汉：华中科技大学，2019.

[208]赵建文. 乌海资源型城市转型发展研究[D]. 呼和浩特：内蒙古大学，2014.

[209]关于印发全国资源型城市可持续发展规划（2013—2020 年）的通知[EB/OL].（2013－11－12）[2024－12－24]. https://

www.gov.cn/zfwj/2013-12/03/content_2540070.htm.

[210]谢燮，杨开忠.中国城市的多样化与专业化特征[J].软科学，2003，17(1):10-13.

[211]中国城市综合发展指标2018[Z].北京，2018.

[212]杨永春，张旭东，穆焱杰，等.黄河上游生态保护与高质量发展的基本逻辑及关键对策[J].经济地理，2020，40:9-20.

[213]杜鹏霞.忻州市产业扶贫绩效评价研究[D].太原：山西财经大学，2020.

[214]李雯宇.基于生态足迹的山西省资源型城市可持续发展研究[D].成都：电子科技大学，2020.

[215]杨雪荻，白永平，车磊，等.甘肃省生态安全时空演变特征及影响因素解析[J].生态学报，2020，40:4785-4793.

[216]唐明珠，梁晨，曾坚，等.生态约束下闽三角城市群城镇发展特征与转型路径[J].生态学报，2021，41(15):6038-6050.

[217]李炳意，师学义.基于生态足迹的资源型城市可持续发展能力分析：以山西省晋城市为例[J].水土保持研究，2016，23:255-261.

[218]BAABOU W，GRUNEWALD N，OUELLET-PLAMONDON C，et al. The ecological footprint of mediterranean cities: Awareness creation and policy implications [J]. Environmental Science & Policy，2017，69:94-104.

[219]MANCINI M S，EVANS M，IHA K，et al. Assessing the ecological footprint of ecotourism packages: A methodological proposition[J]. Resources，2018，7(2):38.

[220]NUNES L M，CATARINO A，RIBAU T M，et al. Framework for the inter-comparison of ecological footprint of universities [J]. Ecological Indicators，2013，32:276-284.

[221]YANG L，YANG Y. Evaluation of eco-efficiency in China from

1978 to 2016: Based on a modified ecological footprint model [J]. Science of Total Environment, 2019, 662: 581 – 590.

[222] LONG X Y, YU H J, SUN M X, et al. Sustainability evaluation based on the three-dimensional ecological footprint and human development index: A case study on the four island regions in China [J]. Journal of Environmental Management, 2020, 265: 110509.

[223] YANG Y, CAI Z X. Ecological security assessment of the Guanzhong plain urban agglomeration based on an adapted ecological footprint model [J]. Journal of Cleaner Production, 2020(15): 260.

[224] BI M L, XIE G D, YAO C Y. Ecological security assessment based on the renewable ecological footprint in the Guangdong-Hong Kong-Macao greater bay area, China [J]. Ecological Indicators, 2020, 116: 106432.

[225] HE J, WAN Y, FENG L, et al. An integrated data envelopment analysis and emergy-based ecological footprint methodology in evaluating sustainable development, a case study of Jiangsu province, China [J]. Ecological Indicators, 2016, 70: 23 – 34.

[226] CHENG C, LIU Y L, LIU Y F, et al. Cropland use sustainability in Cheng-Yu urban agglomeration, China: Evaluation framework, driving factors and development paths [J]. Journal of Cleaner Production, 2020, 256: 120692.

[227] ZHANG S, ZHU D J, SHI Q H, et al. Which countries are more ecologically efficient in improving human well-being? An application of the index of ecological well-being performance [J]. Resources, Conservation and Recycling, 2018, 129: 112 – 119.

[228]黄林楠，张伟新，姜翠玲，等. 水资源生态足迹计算方法[J]. 生态学报，2008，28(3)：1279－1286.

[229] LUO W，BAI H T，JING Q N，et al. Urbanization-induced ecological degradation in midwestern China：An analysis based on an improved ecological footprint model[J]. Resources，Conservation and Recycling，2018，137：113－125.

[230]王洪波. 基于改进型生态足迹模型的北京市生态足迹分析与评价[D]. 北京：首都经济贸易大学，2013.

[231]谢鸿宇，王羚郦，陈贤生. 生态足迹评价模型的改进与应用[M]. 北京：化学工业出版社，2008.

[232]李诚. 我国部门间能源消耗与污染气体排放的估算[J]. 山西财经大学学报，2010，32：46－54.

[233]蔡梓萱. 关中平原城市群生态安全评价及其影响因素研究[D]. 西安：西安理工大学，2020.

[234] LIU M C，ZHANG D，MIN Q W，et al. The calculation of productivity factor for ecological footprints in China：A methodological note[J]. Ecological Indicators，2014，38：124－129.

[235]张宇鹏. 我国生态足迹区域差异比较研究[D]. 长春：吉林大学，2010.

[236]MCGILLIVRAY M，WHITE H. Measuring development? The UNDP's human development index[J]. Journal of International Development，1993，5(2)：183－192.

[237]UNDP CHINA. China human development report 2005[R]. Beijing，2013.

[238] UNDP CHINA. China human development report 2007/08 [R]. Beijing，2013.

[239]联合国开发计划署驻华代表处，中国人民大学. 中国人类发展

报告 2009/10：迈向低碳经济和社会的可持续未来[R]. 北京，2013.

[240] UNDP CHINA. China national human development report 2013[R]. Beijing，2013.

[241]联合国开发计划署驻华代表处，国务院发展研究中心. 中国人类发展报告 2016：通过社会创新促进包容性的人类发展[R]. 北京，2016.

[242]联合国开发计划署，清华大学中国发展规划研究院，国家信息中心. 中国人类发展报告特别版 历史转型中的中国人类发展 40 年：迈向可持续未来[R]. 北京，2019.

[243]邹亚锋，段伟，郭娜娜. 呼包鄂榆城市群经济和环境协调发展研究[J]. 内蒙古大学学报(哲学社会科学版)，2020，52(5)：42－49.

[244]毕明丽，谢高地，姚翠友. 人类可持续发展指数的改进及国际比较[J]. 自然资源学报，2020，35：1017－1029.

[245]INSTITUTE THE BLACKSMITH. World's worst polluted places-The top ten[R]. New York，2006.

[246]国务院关于印发全国主体功能区规划的通知[EB/OL]. (2010－12－21)[2024－12－24]. https://www.gov.cn/gongbao/content/2011/content_1884884.htm.

[247]DALY H E. Economics in a full world[J]. Scientific American，2005，293(3)：100－107.

[248] YU X. Harmonious symbiosis evaluation model and its application for forestry ecology and forestry industry system [D]. Nanjing：Nanjing Forestry University，2010.

[249] COSTANZA R，DALY H. Natural capital and sustainable development[J]. Conservation Biology，1992，6：37－46.

[250]PEARCE D W，TURNER R K. Economic of natural resources and

the environment[J]. New York: Harvester Wheatscheaf, 1990.

[251] DALY H E. Operationalizing sustainable development by investing in natural capital[J]. Investing in Natural Capital, 1994(1):23-37.

[252] NICCOLUCCI V, GALLI A, REED A, et al. Towards a 3D national ecological footprint geography [J]. Ecological Modelling, 2011, 222(16):2939-2944.

[253] YANG Y, MENG G F. A bibliometric analysis of comparative research on the evolution of international and Chinese ecological footprint research hotspots and frontiers since 2000 [J]. Ecological Indicators, 2019, 102:650-665.

[254] DRUCKMAN A, JACKSON T. Measuring resource inequalities: The concepts and methodology for an area-based gini coefficient [J]. Ecological Economics, 2008, 65(2):242-252.

[255] SHU H, XIONG P P. The gini coefficient structure and its application for the evaluation of regional balance development in China[J]. Journal of Cleaner Production, 2018, 199:668-686.

[256] CHEN J D, CHENG S L, SONG M L. Decomposing inequality in energy-related CO_2 emissions by source and source increment: The roles of production and residential consumption [J]. Energy Policy, 2017, 107:698-710.

[257] 彭飞，孙才志，刘天宝，等. 中国沿海地区海洋生态经济系统脆弱性与协调性时空演[J]. 经济地理，2018，38:165-174.

[258] 方恺，HEIJUNGS R. 自然资本核算的生态足迹三维模型研究进展[J]. 地理科学进展，2012，31(12):1700-1707.

[259] 张露，夏正仪. 长江经济带自然资源可持续利用评价研究：基于改进三维生态足迹模型[J]. 湖北农业科学，2021，60(3):179-189.

[260]杨屹,胡蝶. 生态脆弱区榆林三维生态足迹动态变化及其驱动因素[J]. 自然资源学报,2018,33:1204－1217.

[261]杨一旸,卢宏玮,梁东哲,等. 基于三维生态足迹模型的长江中游城市群平衡性分析与生态补偿研究[J]. 生态学报,2020,40(24):9011－9022.

[262] ULANOWICZ R E. Growth and development: Ecosystems phenomenology[M]. Solomons:Springer Verlag,1986.

[263]徐中民,张志强,程国栋. 生态经济学的理论方法与应用[M]. 郑州:黄河水利出版社,2003.

[264]赵先贵,肖玲,马彩虹,等. 基于生态足迹的可持续评价指标体系的构建[J]. 中国农业科学,2006,39(6):1202－1207.

[265]鲁继通. 京津冀国家级经开区地位作用评估[J]. 地理科学,2018,38:78－86.

[266]潘苏楠,李北伟,聂洪光. 能源约束视角下中国经济可持续发展路径探[J]. 经济问题探索,2020(2):158－169.

[267]郜彗,金家胜,李锋,等. 中国省域农村人居环境建设评价及发展对策[J]. 生态与农村环境学报,2015,31:835－843.

[268] BEUGELSDIJK S, KLASING M J, MILIONIS P. Regional economic development in Europe: The role of total factor productivity[J]. Regional Studies,2017,52(3):1－16.

[269] WANG Z H, YANG L, YIN J H, et al. Assessment and prediction of environmental sustainability in China based on a modified ecological footprint model [J]. Resources, Conservation and Recycling,2018,132:301－313.

[270] SUN Y F, WANG N L. Sustainable evaluation of the eco-economic systems in the π-shaped curve area of the yellow river basin of China: A study based on the 3D ecological footprint

model[J]. Environmental Science and Pollution Research, 2022(29):75921 - 75935.

[271]程莉,孔芳霞,文传浩,等. 流域产业生态化效率的区域差异及影响因素分析[J]. 重庆工商大学学报(社会科学版),2021,38:57 - 66.

[272]王劲峰,徐成东. 地理探测器:原理与展望[J]. 地理学报,2017,72(1):116 - 134.

[273]司丽娟. 西部地区产业生态化时空演进及其驱动机制[J]. 甘肃社会科学,2021(4):149 - 156.

[274]蔡昉. 中国人口与可持续发展[J]. 中国科学院院刊,2012,27:314 - 319.

[275]王磊,龚新蜀. 城镇化、产业生态化与经济增长:基于西北五省面板数据的实证研究[J]. 中国科技论坛,2014(3):99 - 105.

[276]WANG X L, FAN G, HU L P. Marketization index of China's provinces: Neri report 2018[R]. Beijing, 2019.

[277]池志培. 美国对华科技遏制战略的实施与制约[J]. 太平洋学报,2020,28(6):27 - 42.

[278]康路. 蚂蚁金服终止收购速汇金:美国外资审查黑匣子里装着什么[J]. 中国外资,2018(2):41.

[279]王梅婷. 后疫情时代全球贸易格局新变化与中国政策应对[J]. 价格月刊,2022(5):34 - 41.

[280]刘明,宋彦玲. 中西部地区 FDI 是否促进了承接东部制造业转移:基于 FDI 质量视角[J]. 国际贸易问题,2021(9):88 - 104.